财政部"十三五"规划教材
应用经济学学科建设系列教材

外 国 税 制

程海涛 李 晖 主 编

中国财经出版传媒集团
经济科学出版社
Economic Science Press

图书在版编目（CIP）数据

外国税制/程海涛，李晖主编．—北京：经济科学出版社，2019.12
ISBN 978-7-5218-1150-6

Ⅰ.①外⋯ Ⅱ.①程⋯②李⋯ Ⅲ.①税收制度-研究-国外 Ⅳ.①F811.4

中国版本图书馆 CIP 数据核字（2019）第 281173 号

责任编辑：于海汛　冯　蓉
责任校对：郑淑艳
责任印制：李　鹏

外 国 税 制

程海涛　李　晖　主　编
经济科学出版社出版、发行　新华书店经销
社址：北京市海淀区阜成路甲 28 号　邮编：100142
总编部电话：010-88191217　发行部电话：010-88191522
网址：www.esp.com.cn
电子邮件：esp@esp.com.cn
天猫网店：经济科学出版社旗舰店
网址：http://jjkxcbs.tmall.com
北京密兴印刷有限公司印装
787×1092　16 开　10.25 印张　220000 字
2019 年 12 月第 1 版　2019 年 12 月第 1 次印刷
ISBN 978-7-5218-1150-6　定价：35.00 元
(图书出现印装问题，本社负责调换。电话：010-88191510)
(版权所有　侵权必究　打击盗版　举报热线：010-88191661
QQ：2242791300　营销中心电话：010-88191537
电子邮箱：dbts@esp.com.cn)

前　言

随着中国经济实力的增强和对外开放的逐步深入，以及"一带一路"国际影响力不断提升，越来越多的中国企业走出国门到境外去投资，中国经济发展与世界息息相关。因此，对于财政、税收专业的学生，不仅要学习和研究中国税制，还要学习和研究世界主要国家的税收制度，把握世界各国税制改革和发展的一般规律，学习和借鉴一些主要发达国家税制建设的先进经验，从而不断优化我国税制，为社会经济发展和建设服务。同时，对于中国"走出去"企业来讲，如何合理税收筹划和规避国际税收风险十分重要。所以，为了适应社会经济发展需要，财经类专业的学生学习和了解世界主要国家的税收制度十分必要，从而为未来从事的专业工作做好准备。

本书共分10章，第1章为外国税收制度概述，对外国税收制度的基本理论进行概述；第2章至第10章依次为美国税制、日本税制、英国税制、德国税制、澳大利亚税制、韩国税制、新加坡税制、俄罗斯税制、南非税制，其主要内容包括各国的税收管理制度、主要税种的征收制度以及税收征收管理等。

本书在写作过程中得到了沈阳大学领导和家人、朋友的大力支持，在此表示衷心感谢！

因笔者水平有限，书中不妥之处，敬请读者批评指正。

程海涛
2019年12月

目 录

第1章 外国税收制度概述 ·· 1
1.1 税收制度的概念及其构成要素 ·· 1
1.2 税收制度的分类 ··· 3
1.3 税制体系 ··· 5
1.4 各国税收制度的历史变迁 ·· 8

第2章 美国税制 ·· 14
2.1 美国税收制度概述 ··· 14
2.2 美国主要税种的征收制度 ·· 15
2.3 美国的税收征收管理 ·· 35

第3章 日本税制 ·· 39
3.1 日本税收制度概述 ··· 39
3.2 日本主要税种的征收制度 ·· 40
3.3 日本的税收征收管理 ·· 53

第4章 英国税制 ·· 57
4.1 英国税收制度概述 ··· 57
4.2 英国主要税种的征收制度 ·· 58
4.3 英国的税收征收管理 ·· 70

第5章 德国税制 ·· 73
5.1 德国税收制度概述 ··· 73
5.2 德国主要税种的征收制度 ·· 74
5.3 德国的税收征收管理 ·· 84

第6章 澳大利亚税制 ·· 88
6.1 澳大利亚税收制度概述 ··· 88

6.2　澳大利亚主要税种的征收制度 ································ 89
　　6.3　澳大利亚的税收征收管理 ·································· 99

第 7 章　韩国税制 ··· 102
　　7.1　韩国税收制度概述 ·· 102
　　7.2　韩国主要税种的征收制度 ·································· 103
　　7.3　韩国的税收征收管理 ······································ 116

第 8 章　新加坡税制 ··· 119
　　8.1　新加坡税收制度概述 ······································ 119
　　8.2　新加坡主要税种的征收制度 ································ 120
　　8.3　新加坡的税收征收管理 ···································· 130

第 9 章　俄罗斯税制 ··· 135
　　9.1　俄罗斯税收制度概述 ······································ 135
　　9.2　俄罗斯主要税种的征收制度 ································ 136
　　9.3　俄罗斯的税收征收管理 ···································· 145

第 10 章　南非税制 ·· 147
　　10.1　南非税收制度概述 ······································· 147
　　10.2　南非主要税种的征收制度 ································· 148
　　10.3　南非的税收征收管理 ····································· 153

参考文献 ··· 156

第1章　外国税收制度概述

1.1　税收制度的概念及其构成要素

1.1.1　税收制度的概念

税收制度是在一个课税权主体之下的各种税收组织体系，是国家以法律形式规定的各种税收法令和征收管理办法的总称。它由国家的一整套税收法律法规组成。

税收制度简称"税制"，它有广义和狭义之分。广义的税收制度是指国家的各种税收法律法规、税收管理体制、税收征收管理制度等。狭义的税收制度是指各个税种的设置及其具体征收规定，如纳税人、征税对象、税率、纳税期限、减免优惠等。

1.1.2　税收制度的构成要素

税收制度由各种税收要素构成，关于税收要素的具体规定决定了税收的具体形式。税收制度的构成要素主要包括以下几方面的内容。

1.1.2.1　纳税人

纳税人（即纳税义务人）是税法规定的直接负有纳税义务的单位和个人。各种税都有各自的纳税义务人，它是税收制度构成的最基本要素之一。由于存在税负转嫁，纳税人并不一定是赋税人。税负转嫁是指纳税人将其所缴纳的税款通过各种方式（提高商品售价或压低原材料供应价格等）转移给他人负担的过程，从而产生纳税人和赋税人不一致的现象。

1.1.2.2　征税对象

征税对象是指对什么征税，是税法规定的征税目的物，也称课税客体。征税对象反映了一个税种征税的基本范围和界限。征税对象一般包括以下几类：

①商品或劳务，即以生产的商品或提供的劳务为课税对象，一般按其流转额课征，所以也称流转额课税。

②收益额，即对经营的总收益或纯收益课税。

③财产，即对财产的价值或收益课税。

④资源，即对自然资源的使用行为课税。

⑤人身，即以人为课税对象，或称人头税。

1.1.2.3 税率

税率是应纳税额与课税对象数量之间的比例，是应纳税额计算的尺度。它体现征税的深度，反映国家有关的经济政策与社会政策，直接关系国家的财政收入和纳税人的税收负担，是税收制度的中心环节，也是设置税制的主要议题。税率一般分为以下几种：

①比例税率。比例税率是指应征税额与课税对象数量之间的等比关系。

②累进税率。累进税率是随课税对象数额增大而提高的税率，即按课税对象数额的大小划分若干等级，每个等级由低到高规定相应的税率，课税对象的数额越大税率越高。

③定额税率。定额税率也称固定税额，是税率的一种特殊形式。

另外，边际税率是指最后一个计税单位所适用的税率；平均税率是全部应纳税额与收入之间的比率。

1.1.2.4 纳税环节

纳税环节是指对处于运动过程中的课税对象，选择应当缴纳税款的环节。商品从生产到消费要经过许多流转环节，从总的方面看，包括生产、运输批发、零售等环节。任何一种税都要确定纳税环节，选择确定纳税环节的原则是：有利于及时稳妥地集中税款；符合纳税人的纳税规律，便于征纳；有利于经济发展和控制税源。

1.1.2.5 纳税期限

纳税期限是税法规定的单位和个人缴纳税款的期限，它是税收的固定性、强制性在时间上的体现。纳税期限的确立要有利于保证财政收入，加强监督管理和给纳税人以适当便利。一般分为按期纳税（如1个月、1季度、1年等）和按次纳税两种。

1.1.2.6 减税、免税

减税、免税是税收制度中对某些纳税人和课税对象给予鼓励及照顾的一种规定。

减税、免税包括以下三项内容：
①起征点。起征点是课税对象达到征税数额开始征税的界限。
②免征额。免征额是税法规定在课税对象总额中免予征税的数额，它是按照一定标准从全部课税对象总额中预先减除的部分。
③减税、免税的规定。

1.1.2.7　违规的处罚

违规处罚是对纳税人违反税法的行为所采取的处罚措施，体现了税收的强制性，是保证税法正确贯彻执行的重要手段。通过对违规处罚，可以加强纳税人的法制观念，提高其依法纳税的自觉性，从而有利于保护国家财政收入，并充分发挥税收的职能作用。

1.2　税收制度的分类

按照不同的标准，对税种、税制模式和税收管理体制进行科学的分类，有助于对税收进行分析和研究。

1.2.1　税种分类

1.2.1.1　按税收缴纳形式分类

按缴纳形式的不同，可将税种分为力役税、实物税和货币税。

1.2.1.2　按税收计征标准分类

按税收计征标准的不同，可将税种分为从价税和从量税。从价税是指以征税对象的价格或金额为标准计征的税，这类税一般实行比例税率或累进税率。从量税是指以征税对象的重量、容积、面积、件数等数量作为计税依据的税。这类税一般实行定额税率。例如，2019年美国汽油的联邦消费税税率为18.40美分/加仑。

1.2.1.3　按税收管理和受益权限划分

按税收管理和受益权限的不同，可将税种划分为中央税、地方税及中央和地方共享税。

1.2.1.4　按税收负担能否转嫁划分

按照税收负担的最终归宿，即税负能否转嫁为标准，税收可分为直接税和间接税。直接税是指税负不能由纳税人转嫁出去，必须由自己负担的各种税，如所得税、财产税、社会保险税等。间接税是指税收负担可以由纳税人转嫁出去，由他人负担的各种税，如增值税和消费税等。

1.2.1.5 按税收与价格的组成关系划分

按税收与价格的关系，可将税种分为价内税和价外税。凡税金构成商品或劳务价格组成部分的，称为价内税。凡税金不构成商品或劳务价格组成部分的，而只是作为其价格之外的一个附加额，就称为价外税。

1.2.1.6 按课税对象的性质划分

按征税对象的性质划分，可将税种分为流转税、所得税、资源税、财产税和行为税五大类。流转税是以商品或劳务流转额为征税对象的税种的统称。所得税是以所得额为课税对象的税种的统称。资源税是以资源的绝对收益和级差收益为课税对象的税种的统称。财产税是以财产价值为课税对象的税种的统称。行为税是以某些特定的行为作为课税对象的税种的统称。

1.2.2 税制模式分类

税制模式是指税制结构模式。在一个税收主权之下，只征收一种税的税制，叫作单一税制模式；由多种税组成的税制，叫作复合税制模式。单一税制度只存在于理论上，实践中世界各国从未实行。通常所说的税收制度，实际上是就复合税制而言的，税制结构主要指的是复合税制中各类税种的结构。从当今世界各国的税收实践来看，主要有三种税制结构模式。

1.2.2.1 以直接税为主体的税制模式

直接税通常包括个人所得税、公司所得税、社会保障税、资本利得税、财产税等。由于财产税占税收总额的比重较小，因此所谓直接税为主体，实际就是以所得税为主体。美国、英国和日本等大多数发达国家采用此类税制模式。

1.2.2.2 以间接税为主体的税制模式

间接税通常包括增值税、消费税、关税、销售税等。这些税种主要是对商品和劳务课税，因此所谓以间接税为主体，实际就是以商品和劳务税为主体。大多数发展中国家采用此类税制模式。

1.2.2.3 以直接税与间接税并重的双主体税制模式

这类税制模式的表现是：在税制体系中，直接税和间接税均居主体地位，这两类税收的作用相当，互相协调、配合。中国等一些发展比较快的发展中国家采用此类税制模式。

1.2.3 税收管理体制分类

税收管理体制是税收制度的重要组成部分，它是规定国家各级政府税收管理权限的制度。税收管理权限包括税收的立法权和税收的执法权，主要有：税法的制定和颁布、对税法的解释、税种的开征停征、税目税率的增减调整、减税免税的确定等。按税收管理体制进行分类，税制可分为中央集权型、地方分权型、集权分权兼顾型。

1.2.3.1 中央集权型

中央集权型税收管理体制，是指国家税收收入和管理集中掌握于中央政府，地方政府的收入主要靠中央拨给。这种模式中，中央政府掌握的税收约占全部收入的70%~90%。例如，英国的税收管理体制属于此类型。

1.2.3.2 地方分权型

地方分权型税收管理体制，是指地方政府掌管了大部分税收收入，中央政府的财权财力很小。在这种模式下，中央政府掌握的税收约占全部税收的20%~30%。目前尚无国家采用此类型的税收管理体制。

1.2.3.3 集权分权兼顾型

集权分权兼顾型税收管理体制，是指中央政府集中掌管主要的税收收入，地方政府掌握次要的税收收入，各自拥有一定的财权。在这种模式中，中央政府掌握的税收收入一般约占全部税收的50%~60%。例如，美国的税收管理体制属于此类型。

1.3 税 制 体 系

1.3.1 税制体系的概念

税制体系是指一国在进行税制设置时，根据本国的具体情况，将不同功能的税种进行组合配置，形成主体税种明确、辅助税种各具特色和作用、功能互补的税种体系。由于税制体系涉及的主要是税收的结构模式问题，所以也称税制结构或税收体系。

1.3.2 影响税制体系设置的主要因素

1.3.2.1 社会经济发展水平

社会经济发展水平是影响并决定税收体系的最基本因素，这里的社会经济发展水平主要是指社会生产力发展水平，以及由社会生产力发展水平所决定的经济结构。从世界主要国家税制体系的历史发展进程来看，大致经历了从古老的直接税到间接税，再由间接税发展到现代直接税的进程，这种发展进程是同社会经济发展水平进程相一致的。在农业经济为主体的自然经济条件下，必然以农业收入作为税收的主要来源，农业生产的非商品特点，又决定了必须以土地和人口作为征税的对象。我们把这种以土地、人口的外部标志作为计税依据等额征税，而不考虑纳税人负担能力的税种称为古老的直接税。随着工业、商业的迅速发展，形成了以工商经济为主体的经济结构，同时农业生产也具有了商品经济的特征，在这种以工商经济为主体的商品经济条件下，必然以工商经营收入作为主要征税对象，这就形成了以间接税为主体的税制体系。到了现代资本主义社会，随着社会生产力的调整和发展，国家在经济和社会事务中的职能及作用得到加强，财政支出增加，相应的也要求增加财政收入。由于所得税在财政上具有较好的收入弹性，在经济上对企业和个人的经济活动及经济行为较少干预，在政策上能较好地满足经济稳定和公平分配的目标，因而在这一时期得到迅速发展，从而在西方一些主要国家，形成了以现在直接税为主体的税制体系。

1.3.2.2 国家政策取向

税制体系的具体设置，一方面要体现税收的基本原则，另一方面也是为实现国家的税收政策目标服务。税收作为国家宏观经济政策的一个主要工具，除了筹集财政收入的职能之外，对经济发展也具有重要调节作用，也就是通过具体税种的设置对社会经济起到调节作用。例如运用所得税的"自动稳定器"作用可以缓解经济波动，运用减税措施为小型微利企业减轻税收负担、促其发展、增加就业等，以及通过征收水资源税、垃圾处理税等来保护环境等，都充分体现了税收为国家政策目标服务。

1.3.2.3 税收管理水平

一国的税收管理水平对该国税制体系的设置也会产生影响。一般来说，由于间接税是对商品和劳务课税，征收管理相对简单。但是，随着电子商务的发展，电子发票、电子申报缴纳等都对税收征管提出了挑战。而所得课税是对纳税人取得的各项所得进行征税，涉及税前扣除、折旧和摊销、自行申报等许多问题，征收管理相对复杂。因此，如果一国推行以所得税为主体的税制体系，必须具有较高的税收管理水平。

1.3.2.4 政治、法律、历史等因素

从现代国家来看，政治体制对税收制度的影响主要体现在税收管理体制方面。各级政府间税收管理权限的划分取决于中央政府和地方政府之间行政权限的划分。一般情况下，联邦制国家税收管理体制倾向于集权分权兼顾型，而单一制国家税收管理权限则主要集中于中央。

法律对税收制度的影响首先体现为"税收法定"原则。政府的一切税收措施都必须有法律依据，一种税的开征，需要获得议会的认可，在完成法律程序后才能生效。税收制度的法律因素还体现为税法是税收制度的法律形式，是一个国家法律体系的重要组成部分，税收立法、执法、司法体系的完善程度以及公民的文化素质和法律意识，直接影响到税收制度的完备性和有效性。

税收制度是随着社会历史变迁而逐步演变和发展的，一国历史往往会给其税收制度留下深深的烙印，税收制度也难以摆脱历史的影响。目前，随着数字经济的发展，数字经济的征税问题已经逐渐成为全球关注的税收核心问题之一。2018年，数字经济依旧是各国税制变革的重大影响因素之一。

1.3.3 现代税收制度体系

现代税收制度体系是指随着市场经济的发展而确立的与现代市场经济相适应的税收制度体系，其主要特征是在税收结构当中，所得税、社会保障税以及商品和劳务课税的新形态，增值税占到主体地位，其功能作用由单纯的组织财政收入发展到组织财政收入、调节市场资源配置、公平分配财富、稳定社会经济等多方面功能和作用。从世界各国税收实践来看，现代税收制度体系主要包括三大税系。

①所得课税体系。它包括个人所得税、公司所得税，资本利得税、社会保障税（也叫工薪税）。

②商品和劳务课税体系。它包括增值税、销售税、营业税、特别消费税和关税。

③财产课税体系。它包括不动产税、土地税、房产税、遗产税和赠与税等。

上述三大税系在不同国家表现各异。所得税在多数发达国家税收收入中占主要地位，如美国、英国、日本等。商品和劳务税是大多数发展中国家的主要税收收入来源。随着世界人口老龄化的加剧，社会保障税在许多国家税收收入中占比不断提升。财产税一般是发达国家地方政府主要的税收收入来源。

1.4 各国税收制度的历史变迁

1.4.1 早期社会税收制度的演变

在奴隶社会和封建社会，由于受社会经济条件的制约，当时只能以人口数、土地面积等作为计税依据，与纳税人的纳税能力并不相符，税负很不合理，是一种原始的、简单的直接税形式。

随着资本主义生产关系的确立及社会生产力的发展，商品生产和流通的规模不断扩大，为商品课税创造了条件，当时国内消费税和关税等间接税逐步取代了原始的直接税，成为20世纪初资本主义国家主要的税收收入来源。但是，由于商品课税存在重复征税的问题以及关税保护对外贸经济发展的阻碍等原因，使这种以间接税为主体的税收制度持续时间不长。随着资本主义经济的高度发展和社会生产力水平的不断提高，社会纯收入不断增长，为实行所得课税带来了丰裕的税源并创造了条件。

1.4.2 现代社会税制的形成与发展

现代税收制度的确立是以所得税的征收，并在税收结构中取得主体地位为标志的。近百年来，世界范围的几次大的税制结构性变革，包括广泛实行所得税制、普遍开征社会保障税以及广泛采用和推广增值税等，使现代社会税收制度不断得到发展。

1.4.2.1 广泛实行所得税制

所得税最初都是以"战时税"的形式出现的，例如，英国在1799年、德国在1808年、美国在1862年、日本在1887年都是因为战争的原因，为了筹措战争期间的军费开征所得税，并随着战争的结束而废止。最终，英国在1842年、德国在1891年、美国在1913年、法国在1914年使所得税成为一个永久性的税种。此后，由于所得税的诸多优点，许多国家先后引进了所得税，所得税在世界各国得到广泛的实行。所得税一经产生便迅速发展，特别是通过两次世界大战期间税率的不断提高，所得税尤其是个人所得税的比重不断上升，所得税的发展，一方面是其在第二次世界大战以后的税收结构中取得的主体地位，另一方面也使得各国政府的税收收入显著增加。

1.4.2.2 普遍开征社会保障税

德国于1889年首先制定了第一个社会保障法规。随后，英国于1908年、法国于1910年、瑞典于1913年、意大利于1919年、美国于1935年都先后建立了社会保障制度。第二次世界大战以后，几乎所有发达国家和一部分发展中国家先后根据各自国情建立了社会保障制度，并开征了社会保障税。目前世界上绝大多数国家都征收了社会保障税和社会保障税性质的缴款。近年来，由于世界各国人口老龄化现象严重，社会保障税已成为一些国家的主要税种及税收收入来源。

1.4.2.3 广泛采用和推广增值税

1954年法国成功地推行增值税后，对欧洲和世界各国都产生了重大影响，特别是对当时的欧洲共同体国家的影响更大。在随后的十几年里，欧共体成员国相继实行了增值税，欧洲其他一些国家以及非洲和拉丁美洲的一些国家为改善自己在国际贸易中的竞争条件也实行了增值税，亚洲国家自20世纪70年代后期开始推行增值税。90年代以来，增值税在世界范围的发展加速。目前，除了美国之外，已有140多个国家和地区实行增值税。增值税之所以能够在世界上广泛推广，是因为增值税可以有效防止商品在流转过程中的重复征税问题。近年来，由于人口老龄化等因素，日本、南非、俄罗斯等国先后提高增值税税率来增加财政收入，用以缓解养老压力。

1.4.2.4 近年来各国税制改革的趋势

20世纪80年代以降低所得税税率、扩大税基为税制改革的核心内容，目的是提高效率、增进公平和简化税制。进入21世纪，各国税制改革的主线仍是降低所得税税率、扩大税基。并且，随着数字经济的发展，法国、英国等国家开始征收"数字服务税"，对高度数字化企业的征税及税收监管问题成为世界各国焦点。另外，由于人口老龄化等一些问题，日本、俄罗斯等国家提高了消费税（日本的消费税属于消费型增值税）、增值税税率，扩宽了增值税税基，从而增加财政收入来缓解养老压力等。下面借助以下文章来综合阐述一下近年来各国税制改革的趋势。

扩展阅读1-1

近年来国际税制改革若干趋向

经济合作与发展组织（OECD）近期发布了《2018年税制政策改革》分析了该组织35个成员国以及阿根廷、印度和南非在内的38个经济体的最新的税制改革措施，从中可以发现国际上的重要税制改革措施和共同的税收政策趋势。

削减个人所得税税率。大多数国家通过降低个人所得税税率来促进经济增长，例如美国、荷兰和法国等国家为支持储蓄、投资并降低小额储蓄者的税收负担而引入了各种减免税措施。有关社会保险税方面也已经有类似的改革，税率方面的增减大致五五分，税基变动方面也是拓宽和缩小的占比各半。

降低公司所得税。2000~2011年，OECD成员国的公司所得税税率从32.6%降到了25.4%。近年来最大的公司所得税减税是美国实施的，美国联邦公司所得税税率从35%降到了21%。OECD全球税收数据库中有22个国家的公司所得税的法定税率是小于等于25%的，而2000年只有6个国家等于或低于25%。像西班牙、以色列、挪威和爱沙尼亚这样的国家也降低了本国公司所得税税率，并增加了公司利润。

这些年，已有31个国家削减了本国的公司所得税税率，使之成为一种全球现象。但是，也有少数国家采取了与这种现象背道而驰的做法。如土耳其将本国公司所得税的一般税率从20%提高到了22%，加拿大平均税率从11.7%上升到了11.8%，韩国的公司所得税的最高税率从22%提高到了25%等。

防范税基侵蚀和利润转移。目前，将近130个国家和地区已经加入了BEPS的包容性框架，正在和OECD合作防范税基侵蚀和利润转移，落实15项行动计划的成果，并增加来自不同税种收入的比例。

聚焦对高度数字化企业的征税。2018年3月，OECD发布《2018年源于经济数字化的税收挑战的中期报告》。该报告指出，不同的数字化商业模式有一些共同之处，即高度依赖无形资产，特别是知识产权。数据和用户参与的重要性以及与知识产权的协同。对此，OECD提出要在2020年底完成一份全球性的基于共识的数字税收解决方案。

提高增值税税率，拓宽增值税税基。部分国家提高了本国增值税的低税率，或降低了低税率适用范围，从而维持了本国增值税的宽税基。例如，挪威对电影票、公共交通、宾馆住宿、博物馆和娱乐公园适用的增值税的低税率从10%提高到了12%。作为从直接税转向间接税的税制结构再平衡的一项措施，荷兰政府提出了将增值税的低税率从6%提高到9%的方案。

对低价货物进口征收增值税的新措施。作为增加本国税收收入的措施，几个国家已经废除了增值税减免措施并开始对低价货物进口征收增值税。澳大利亚税务局在2018年7月通过对以前低于豁免商品和服务税的低于1000澳元的货物进口征收10%的商品和服务税而更新了其进口税收规则。瑞士也在试图修正本国的增值税注册规则来为国内外的公司创造公平的竞争环境。从2018年7月开始，判定公司是否进行瑞士增值税注册的新规则是基于全球的营业额而不是瑞士的营业额。

特别消费税税率不断提高。不仅是为了实现筹集收入的目的，而是作为抑制那些产生外部性产品消费的矫正性工具，并影响消费者行为决策，各国对酒类和烟草产品征收的特别消费税税率呈现上升的趋势。

环境相关的税种普遍没有得到广泛使用。各国都面临着日益严重的环境问题的挑战。虽然引入税收政策有助于应对这些挑战，但环境相关的税种普遍未得到充分使用，相关税种的税率要比有害行为造成的社会成本低，税基一直比较狭窄。

资料来源：张文春. 近年来国际税制改革若干趋向［N/OL］. 中国财经报, 2019－06－11（6），http：//www.cfen.com.cn/dzb/dzb/page_6/201906/t20190611_3275055.html.

扩展阅读 1－2

OECD 国家个人所得税改革趋势

经济合作与发展组织最新报告显示，2018 年，个人所得税改革呈现出占比稳定但结构渐变、税率蜿蜒下降、税基持续收窄、资本税有增有减的总体趋势。

近日，经济合作与发展组织（OECD）发布了《OECD 和部分合作伙伴经济体 2018 年度税收政策改革报告》，介绍了上述国家最近实施的重大税收改革以及税收政策发展趋势。其中，个人所得税改革呈现出占比稳定但结构渐变、税率蜿蜒下降、税基持续收窄、资本税有增有减的总体趋势。

劳动税占比稳定但结构渐变

个人所得税和社会保障缴款二者加总，构成了大多数 OECD 国家最重要的税收收入来源，平均占据其税收收入的半壁江山。例如，最新的可比数据显示，2016 年二者合计占德国、美国、奥地利和瑞典税收收入的 60% 以上；在丹麦、澳大利亚和美国，仅个人所得税就占据税收收入总额的 40% 以上。这一占比虽然稳定，但随着时间的推移，劳动税收入的内部构成不断发生演变：社会保障缴款逐渐取代了个人所得税，成为各国最重要的税收收入来源。1965 年，社会保障缴款平均占税收收入总额的 17.6%，远低于个人所得税 26.2% 的平均占比；到了 2015 年，社会保障缴款平均占税收收入总额的 25.8%，已然超过了个人所得税 24.4% 的占比。

最高税率有增有减，最低税率持续下降

从最高税率来看，最高税率有增有减，增减相当。2017 年有 4 个国家降低了个人所得税最高税率，5 个国家则提高了最高税率。在削减个人所得税最高税率的国家中，美国实施了《减税与就业法》，将联邦最高税率从 39.6% 降至 37%；荷兰宣布从 2019 年起，将个人所得税最高税率从 52% 降到 49.5%，降税幅度与美国相当。在提高个人所得税最高税率的国家中，拉脱维亚从 2018 年 1 月 1 日起，以累进个人所得税体系取代比例税率体系；南非将税率从 41% 大幅提高到 45%；韩国将最高税率从 40% 增加到 42%。

从最低税率来看，削减中低收入者适用税率的趋势仍在持续。以 2017 年为例，11 个国家降低了最低税率，只有 2 个国家提高了最低税率。挪威将普通所得税的税率从 24% 降至 23%；希腊从 2020 年 1 月开始，将第一税级的适用税率

从22%降到20%；加拿大、爱尔兰和芬兰降低了除最高税率以外的其他各级税率。

多数国家继续收窄税基

2018年，大多数国家个人所得税税基改革的目标是促进就业，扶持低收入者。总体而言，这些措施缩小了税基，预期会减少税收收入。实施税基改革的国家中，27个国家缩小了税基，9个国家扩大了税基。为弥补收入缺口，一些国家推出了同时扩大和缩小税基的改革"组合拳"。缩小税基的手段主要体现在四个方面：一是提高免征额和税前扣除额，以促进就业、减少贫困、提高税制的累进性。例如，美国将个人、单亲和已婚夫妇的扣除标准翻了一番，分别达到1.2万美元、1.8万美元和2.4万美元。二是增加工资薪金抵免额，以支持低收入工作者。例如，芬兰2020年将把工资薪金抵免额从1420欧元提高到1540欧元；爱尔兰将自由职业者的工资薪金抵免从950欧元提高到1150欧元。三是提高儿童及其他抚养对象的抵免额。例如，以色列增加了5岁以下儿童父母的税收抵免额；爱尔兰将家庭护理的税收抵免金额从1100欧元提高到1200欧元。四是瑞典、荷兰、拉脱维亚等国家都增加了针对老人和残疾人的税收减免。此外，土耳其、斯洛文尼亚、瑞典等针对高技术人才实施了额外扣除措施，以吸引和留住高技术人才，提高劳动力素质。

扩大税基的改革主要体现在：美国将住房抵押贷款利息扣除限制在抵押贷款余额不超过75万美元的利息支出范围内，取消房屋净值贷款利息的扣除，并将州和地方税的扣除额限制为1万美元。日本宣布从2020年1月起将所有纳税人的基本免税额从38万日元增加到48万日元，但同时降低了工薪阶层的最高免税额。荷兰将逐步限制可扣除项目的扣除率。拉脱维亚对教育、医疗、捐赠支出的可扣除金额也进行了限制。

资本所得税负有升有降

总体而言，继续提高个人资本所得税税率的趋势并未改变，其主要目的是增加税收收入，促进社会公平。例如，冰岛将资本所得税率从20%提高到22%；韩国将资本收益超过3亿韩元的大股东税率从20%提高到25%。也有一些国家降低了资本所得的税负，以鼓励储蓄，促进投资。例如，法国自2018年1月1日起对利息、股息和资本利得实行30%的统一税率；荷兰将储蓄和投资收入的免税额从2.5万欧元提高到3万欧元；希腊将出售不动产的资本利得暂免征税政策的有效期延长至2018年底。

值得注意的是，金融账户涉税信息自动交换在全球的广泛实施，将极大地增加纳税人隐匿海外收入和财富的难度，可能会导致一部分已取消累进资本所得税的国家重新推行累进税制。

资料来源：孙红梅，梁若莲. OECD国家个人所得税改革趋势［N/OL］. 中

国税务报，2019-01-30（5），http：//www.ctaxnews.net.cn/amucsite/amuc/ucmember/ucSearch.html.

思考题

1. 如何理解税收制度的含义？其构成要素有哪些？
2. 税收的主要分类方法有哪些？
3. 影响税制体系设置的主要因素有哪些？

第 2 章 美 国 税 制

美国位于北美洲中部，领土还包括北美洲西北部的阿拉斯加和太平洋中部的夏威夷群岛。面积937万平方公里，人口约3.30亿（截至2019年7月）。美国的自然资源丰富，矿产资源总探明储量居世界首位。煤、石油、天然气、铁矿石、钾盐、磷酸盐、硫黄等矿物储量均居世界前列。美国有高度发达的现代市场经济，其国内生产总值居世界首位。2018年国内生产总值（GDP）为20.5万亿美元（按当年价格计算），人均GDP为59532美元[①]（按当年价格计算）。近年来，美国信息、生物等高科技产业发展迅速，利用高科技改造传统产业也取得新进展。美国现已成为世界上第一大石油和天然气生产国。美国的政体是共和制，实行三权分立的政治制度，立法权、司法权和行政权相互独立、互相制衡。全国共分50个州和1个特区（哥伦比亚特区），有3144个县。

2.1 美国税收制度概述

2.1.1 美国税收管理体制

2.1.1.1 税收管理权限的划分

美国是一个联邦制的国家，其税收管理权限相对比较分散。美国政府分联邦、州和地方（县、市、镇）三个层次。美国宪法赋予联邦和州独立的税收立法权、执法权和司法权。美国宪法规定，州政府的收支并不需要明确授权。因此，州政府有权在本州范围内征税。地方政府的财政收支权是由州立法机关授予的。

2.1.1.2 税收收入的归属和使用

在美国的税收总收入中，联邦政府税收收入约占2/3，州和地方政府约占1/3。联邦政府的税收收入除主要用于联邦政府的各项支出外，一部分以补助金

---

① 外交部：美国国家概况［ED/OL］. 外交部网站，2019-08，https://www.fmprc.gov.cn/web/gjhdq_676201/gj_676203/bmz_679954/1206_680528/1206x0_680530/.

的形式下拨给州和地方政府使用；州政府的税收收入主要用于州政府的各项支出，用于教育、卫生及公共服务、公路运输、公园、环境保护等方面，还有一部分补贴给县、市的地方财政；地方政府的税收收入用于地方政府的各项支出，用于提供治安、防火、防洪、图书馆、公园和娱乐、公路、下水道污水处理等公共服务。

2.1.2 美国税制体系和结构

美国税制包括联邦税制、州税制和地方税制三个层次的税收制度体系。美国联邦税以个人所得税和公司所得税为其主要收入来源，州税以销售税为其主要收入来源，地方税以财产税为其主要收入来源。

美国的现行税制，是以所得税为主体税种，辅以其他税种构成的。美国的税种主要包括个人所得税、工薪税、企业所得税、消费税、关税、销售税、财产税、印花税等。

美国联邦政府的税收收入，3/4以上来源于个人所得税和社会保障税。州和地方政府的收入则主要来源于财富税（财产税）、消费税和个人所得税。总之，美国政府的税收收入大约2/3来源于个人所得税和工薪税。表2-1说明了美国各级政府税收收入大体情况。

表2-1　　　　　　2015年美国各级政府的税收收入结构　　　　　单位：%

税种	联邦政府	州和地方政府	整个政府
个人所得税	41.6	13.9	35.2
社会保障税	34.8	—	26.7
企业所得税	15.1	4.4	12.6
消费税	2.9	21.6	7.2
财产税	—	18.5	4.3
其他	5.6	41.6	14

资料来源：Jonathan Gruber. Public Finance and Public Policy. New York: Worth Publishers, 2015.

2.2 美国主要税种的征收制度

2.2.1 联邦个人所得税

1913年美国开始征收个人所得税，发展至今经历了多次改革，比较大的改革是1986年和2017年的税改。1986年的税改大幅降低了个人所得税税率水平，取消了一些税收优惠，扩大了税基。2017年12月22日国会签署的《减税及就业法》对个人影响较大。这次税改降低了个人所得税的税率，个人免税额（exemption）被取消了，而标准扣除额几乎翻倍，儿童税收抵免额翻倍等，为纳税人减轻税负。美国现行的联邦个人所得税是综合所得税制，即将纳税人在一年内不分来源的各种所得综合起来，减去法定减免和扣除项目的数额后，就其余额按累进税率计征所得税的一种课税制度。

2.2.1.1 纳税人

按照纳税义务的不同，个人所得税的纳税人可以分为公民、居民和非居民。公民和居民来源于全球的所得都要向美国政府纳税，而非居民仅就其来源于美国境内的所得纳税。

（1）居民纳税人

凡符合下列标准之一的非美国公民，即为居民外国人，否则，即为非居民外国人：一是持有"绿卡"标准（green card test）。具有美国合法永久居民身份（即持有"绿卡"）的外国人享有在美国永久居住或工作的权利，也被认定为美国税收上的居民外国人。二是实际居留标准。一个外国人即使未持有"绿卡"，只要于本年度在美国居留达183天；或者本年度在美国居留至少31天，且在本年及上溯两年的时间里在美国累计居留达183天，也将被认定为居民外国人。

（2）非居民纳税人

不符合持有"绿卡"标准及实际居留标准的非美国公民即为非居民外籍人士。非居民外籍人士需要就其来源于美国境内的与在美国经营活动有实际联系的收入按照10%～39.6%（适用于2017年纳税年度）的累进税率缴纳联邦个人所得税，并就其来源于美国的投资收入（如股息、利息或租金等）按照30%的税率由支付方按照30%的税率缴纳联邦预提所得税。

2.2.1.2 应纳税所得额的确定

应纳税所得额 = 调整后的毛所得（AGI）- 标准扣除额（或分项扣除额）

调整后的毛所得（AGI）= 总所得 - 免税项目 - 调整项目

（1）总所得（gross income）

总所得是纳税人各种收入来源的总和。包括工资薪金所得、佣金、酬金、小费、资本利得、利息、股息、租金所得和其他经营所得等。

（2）调整后的毛所得（adjusted gross income，AGI）

纳税人的总所得确定之后，除了税法规定的免税项目，如州和地方政府公债利息、纳税人继承的遗产或接受的捐赠等之外，允许纳税人向下调减一些项目，扣除这些调整项目之后的余额叫作调整后的毛所得。这些调整项目随着时间的变化而变化，目前主要包括：

①传统个人退休账户（IRAs）的缴款；
②自雇者支付的健康保险费用；
③符合条件的学生贷款利息；
④符合条件教育者开支，如中小学教师购买书、软件等用于课上教学的资料等的费用；
⑤2017年税改法规定，2018年12月31日以后离婚的，纳税人支付的赡养费不允许税前扣除了。

（3）标准扣除（standard deduction）

标准扣除是纳税人可以从应纳税所得额中扣除的固定数额（见表2－2）。纳税人的报税状态不同，其标准扣除额也不同。标准扣除限额每年会根据通货膨胀程度进行调整。盲人和65岁以上老人标准扣除额更高。

表 2－2　　　　　　　　标准扣除额　　　　　　　　单位：美元

申报身份	2018 年	2017 年
单身	1.2 万	6350
夫妻合报、寡妇（鳏夫）	2.4 万	1.27 万
夫妻分开报税	1.2 万	6350
户主	1.8 万	9350

资料来源：美国国内收入署网站，http://www.irs.gov/。

（4）分项扣除（itemized deduction）

对于标准扣除和分项扣除两种方式，纳税人只能二选一。纳税人可以放弃标准扣除而选择分项扣除。下面是纳税人可以从税前收入中扣除的几类项目：

①医疗费用。不超过调整后的毛所得（AGI）7.5%的医疗费用可以税前扣除。

②州和地方税。从2018年起，州和地方所得税、销售税和财产税合起来总的扣除限额是1万美元。已婚夫妇如果单独申报的情况下，可以扣除的州和地方税限额是5000美元。

③住房抵押贷款利息。纳税人买或建主要住房的抵押贷款利息可以税前扣除，但是美国将住房抵押贷款利息扣除限制在抵押贷款余额不超过75万美元的利息支出范围内，取消房屋净值贷款利息的扣除。

④慈善捐赠。慈善捐赠的税前扣除比例提高了，由原来调整后收入（AGI）的50%提高到60%。

⑤偶然和盗窃损失。归因于联邦政府宣布的灾难造成的个人偶然和盗窃净损失可以税前扣除。但每次损失额需超过100美元，总的净损失必须超过AGI的10%。

⑥2017年税改法暂停了与工作相关的超过调整后收入（AGI）2%部分的这些杂项扣除，包括：未偿还的职工费用，像工作服或工会经费，或者是跟工作相关的餐费、娱乐和旅游费。

（5）个人免税额（exemption）

2017年税改法（TCJA）取消了个人免税额。个人免税额是纳税人在计算应税所得时可以从调整后的毛所得（AGI）中扣除的数额。纳税人本人及其配偶等每个家庭成员都可以享受此项免税。免税额每年会根据通货膨胀进行指数化调整。例如，2016年的个人免税额为4050美元。

（6）个人替代性最低税

2017年税改提高了个人替代性最低税（即最低税负制，alternative minimum tax，AMT）门槛。为避免高收入者利用税前扣除避税，规定对应税收入高于AMT门槛，且按AMT计算应纳税额高于一般所得税，需按AMT规则缴税，由应税所得5.54万美元（个人）、8.62万美元（夫妻共同）提高到7.03万美元（个人）、10.94万美元（夫妻共同）。这属于减税举措，而且还降低税收遵从成本。

2.2.1.3 税率

美国个人所得税税率适用10%~37%的超额累进税率，不同申报身份的纳税人适用不同的税率表，如表2-3~表2-6所示。

表2-3　　　　2018年联邦个人所得税税率表（单身）

全年应纳税所得额	税率（%）
不超过9525美元的部分	10
9525~3.87万美元的部分	12
3.87万~8.25万美元的部分	22
8.25万~15.75万美元的部分	24
15.75万~20万美元的部分	32
20万~50万美元的部分	35
超过50万美元的部分	37

资料来源：美国国内收入署网站，http://www.irs.gov/。

表2-4　　　　2018年联邦个人所得税税率表（夫妻合报、寡妇）

全年应纳税所得额	税率（%）
不超过1.905万美元的部分	10
1.905万~7.74万美元的部分	12
7.74万~16.5万美元的部分	22

续表

全年应纳税所得额	税率（%）
16.5万~31.5万美元的部分	24
31.5万~40万美元的部分	32
40万~60万美元的部分	35
超过60万美元的部分	37

资料来源：美国国内收入署网站，http://www.irs.gov/。

表2-5　　　　2018年联邦个人所得税税率表（夫妻分报）

全年应纳税所得额	税率（%）
不超过9525美元的部分	10
9525~3.87万美元的部分	12
3.87万~8.25万美元的部分	22
8.25万~15.75万美元的部分	24
15.75万~20万美元的部分	32
20万~30万美元的部分	35
超过30万美元的部分	37

资料来源：美国国内收入署网站，http://www.irs.gov/。

表2-6　　　　2018年联邦个人所得税税率表（户主）

全年应纳税所得额	税率（%）
不超过1.36万美元的部分	10
1.36万~5.18万美元的部分	12
5.18万~8.25万美元的部分	22
8.25万~15.75万美元的部分	24
15.75万~20万美元的部分	32
20万~50万美元的部分	35
超过50万美元的部分	37

资料来源：美国国内收入署网站，http://www.irs.gov/。

2.2.1.4　税收抵免

税收抵免是允许纳税人将某些合乎规定的特殊支出，按一定比例或全部从其应纳税额中扣除，以减轻其税负的一种税收优惠方式。另外，税收抵免也是避免国际重复征税的一种有效措施。税收抵免是直接减少应缴纳的税金。其主要包括：

(1) 照顾小孩和被赡养人的税收抵免

该项税收抵免的目的在于减轻那些发生照顾小孩和被赡养人费用的纳税人的负担，鼓励其就业。纳税人支付的照顾13岁以下小孩、不能自理的配偶或被赡养人的费用，可以进行税收抵免，最高可抵免费用的35%。

(2) 老人及残疾人的税收抵免

该项税收抵免的目的在于减轻老年人或因永久性残疾而退休的低收入纳税人的负担。年满65岁的老人或因永久性残疾而退休的纳税人可以获得此项税收抵免。

(3) 儿童和其他被赡养人的税收抵免

2017年税改后，符合条件的17岁以下小孩的税收抵免额为每人2000美元。获得此项税收抵免的收入上限为：夫妻合报的上限为40万美元，其他纳税人为20万美元。同时，纳税人可以为17岁及以上的孩子、父母等符合条件的被赡养人申请每人500美元的税收抵免。

(4) 教育税收抵免

教育税收抵免包括：美国机会税收抵免（the American opportunity credit），符合条件的在校大学生每年最高可抵2500美元学费；终身学习税收抵免（the lifetime learning credit），本科生、研究生和任何人追求继续教育的都可以享受最多2000美元的税收抵免。

(5) 劳动所得税收抵免（earned income tax credit）

此项税收抵免是美国的扶贫计划，目的是减轻低收入纳税人的税收负担。2018年EITC的抵扣额度为519~6431美元之间。税收抵免的具体金额由婚姻状况、收入情况以及小孩数量决定。

(6) 外国税收抵免

外国税收抵免的目的是避免国际重复征税。美国的外国税收抵免实行的是综合限额抵免法。

2.2.1.5 应纳税额的计算

用应纳税所得额乘以适用的税率再减去各项税收抵免就算出个人所得税的应纳税额，其计算公式如下：

$$应纳税额 = 应纳税所得额 \times 适用税率 - 各项税收抵免$$

例如，美国公民杰克有1个妻子和2个小孩，2018年总收入7万美元，杰克向个人退休储蓄账户缴款2000美元，杰克已经支付住房抵押贷款利息6000美元、州和地方税2500美元、慈善捐赠500美元，计算杰克2018年应缴的个人所得税。

首先，调整后的毛收入 = 70000 - 2000 = 68000（美元）。

其次，杰克分项扣除（itemized deduction）总计 = 6000 + 2500 + 500 = 9000（美元），由于9000美元 < 24000美元（已婚夫妇的标准扣除额），所以杰克选择

24000 美元标准扣除，应纳税所得额 = 68000（AGI）- 24000 = 44000（美元）。

再次，应用个人所得税税率表（夫妇合报），计算杰克应纳个人所得税，应纳税额 = 19050×10% +（44000 - 19050）×12% = 4899（美元）。

再其次，杰克的 2 个小孩符合儿童税收抵免的条件，所以杰克应纳的个人所得税为：4899 - 2000×2 = 899（美元）。

最后，纳税人将应纳税额与预缴税款（withholding）相比较，多退少补。

2.2.1.6 申报缴纳

联邦个人所得税的纳税年度通常为公历年度（即每年 1 月 1 日～12 月 31 日）。纳税人需要在本纳税年度终了后第四个月的 15 日之前提交年度个人所得税纳税申报表。除了个人自行缴纳的个人所得税，通常税款由雇主在支付工资薪金时代扣代缴。正常情况下，如果应纳税额大于已预缴和已代扣代缴的个人所得税之和，则需要在提交申报表时完成补缴。纳税人可以通过提交 4868 份申报表而将申报期限延长 6 个月，但申报期限延长不代表缴纳税款期限延长。

纳税人需要在纳税年度终了后第四个月的 15 日之前进行汇算清缴。纳税人如未按期进行纳税申报或逾期缴纳税款，将会被征收罚款和滞纳金。

美国国内收入署为纳税人提供免费的纳税申报软件，这种软件安全、支付灵活、快捷、绿色。

在美国，全国范围内的社区都有志愿者为中低收入（通常调整后的收入低于 5.5 万美元）、残疾人和 60 岁以上的纳税人提供免费的税收帮助。在志愿者的帮助下，纳税人在选定的网站输入信息，填写纳税申报表，进行电子申报。

纳税人可以使用网络、电话、手机进行电子支付。美国国内收入署使用最新的加密技术，保障电子支付的安全。电子支付比邮寄支票或汇票更方便、安全、快捷。

2.2.2 联邦公司所得税

美国公司所得税是对美国居民企业的全球所得和非美国居民企业来源于美国境内的所得所征收的一种所得税，分联邦、州和地方三级征收。公司所得税是一个比较复杂的税种，下面介绍美国联邦公司所得税的主要内容。

2.2.2.1 纳税人

（1）居民企业

美国联邦税法所规定的美国税收居民企业，指根据美国 50 个州的其中一个或哥伦比亚特区的法律而成立，并向各州（特区）政府注册设立的企业。

根据美国法律在美国注册设立的企业，则为美国税收居民企业，不论其是否在美国开展经营活动或拥有财产，也不论其股权是否为美国企业或个人所持有。

美国税收居民企业需就其全球收入在美国缴纳公司所得税。

（2）非居民企业

根据外国法律而成立，并通过外国政府注册的企业，不论其是否在美国开展经营活动或拥有财产，即使股权的全部或部分为美国企业或个人所持有，都属于美国联邦税法规定的非税收居民企业。

非居民企业取得的来源于美国但与其在美国的贸易及经营活动无实际联系的收入，需按30%的税率缴纳公司所得税，通常采用由美国付款方进行代扣代缴的预提税形式。针对与美国签有双边税务协定的国家的非美国税收居民企业，若满足相关条件，该企业可享受低于30%的优惠预提所得税税率。非美国税收居民企业取得的与其在美国的贸易及经营活动有实际联系的收入，需按一般联邦公司所得税的规定缴纳联邦公司所得税。

2.2.2.2 课税对象

联邦公司所得税的课税对象包括经营收入、服务费、股息收入、利息收入、特许权使用费收入、租金、佣金收入、处置财产收入和从合伙企业取得的收入等。

2.2.2.3 应纳税所得额的确定

美国税收居民企业取得的来源于全球的几乎所有形式的收入，减去允许税前扣除的折旧额、摊销额、费用、损失和其他特定项目后的余额，为应纳税所得额。

（1）收入

企业的收入主要来源于销售商品和提供服务获得的收入。

（2）费用

企业的费用主要由三部分组成。第一部分费用是企业经营的现金流成本。这部分成本主要是指过去一年提供商品和服务的全部成本，主要包括支付给雇员的薪酬、生产产品期间的要素投入，例如购买钢铁、能源、支付广告费用和租金等。第二部分是企业借款的利息支出。企业当期发生的现金流成本和借款利息支出可以从当期的收入中扣除。第三部分是企业用于购买机器设备、厂房等资本投入的折旧费用。对于购买机器设备、厂房等发生的资本性支出，按照权责发生制原则，不允许作为成本从企业当期收入总额中做一次性扣除，可以采取分次计提折旧的方式予以扣除。折旧的方法有直线折旧法和加速折旧法。

（3）主要扣除项目的规定

企业在本纳税年度正常进行的贸易或经营活动中，支出或计提的必要费用允许在税前扣除。但某些项目的扣除在一定条件下受到扣除数额和扣除时间的限制。

①利息支出。企业与贸易或经营活动相关的利息支出一般可以于发生当年进

行税前扣除。对于债务权益比率高于 1.5 的公司，净利息的扣除限额为调整后的应纳税所得额的 50%，超出限额的利息可以无限期携带。2017 年《减税与就业法案》（TCJA）限制了某些业务产生的商业利息扣除额。一般而言，对于年平均收入为 2500 万美元或以下的企业，商业利息支出仅限于商业利息收入加上企业调整后的应纳税所得额和平面计划融资利息的 30%。

②折旧。有形资产的资本性支出可以计提折旧。企业对资产的税务折旧方法可以不同于其会计折旧方法。

某些商业资产，如设备和建筑物，会随着时间的推移而折旧。

商业利息费用扣除的新限制。2017 年法律规定：对于器材、计算机软件，以及对非住宅房地产某些改进允许立即红利折旧扣除在 2017 年投入使用的设备 50%，在 2018 年 40% 和 2019 年 30%。《减税与就业法》新规定：对于 2017 年 9 月 27 日之后和 2023 年 1 月 1 日之前获得并投入使用的商业资产暂时允许 100% 费用化。从 2022 年开始到 2027 年 1 月 1 日到期的纳税年度 100% 的免税额通常每年减少 20%。

消费折旧商业资产的规则变更。纳税人可以支付合格资产的成本并扣除最高 50 万美元，淘汰门槛为 200 万美元。一般而言，合格资产包括机械、器材、现成的电脑软件以及非住宅房地产的某些改进。《减税与就业法》增加最高扣除额到 100 万美元，并将逐步淘汰门槛提高到 250 万美元。

《减税与就业法》增加乘用车的折旧限额。如果纳税人没有要求红利折旧，则允许的最大折旧扣除额为：第一年 1 万美元；第二年 1.6 万美元；第三年 9600 美元和恢复期间每个纳税年度为 5760 美元。如果纳税人要求 100% 的红利折旧，第一年的最大允许折旧扣除额为 1.8 万美元，其他年度不变。

③摊销。企业大部分无形资产的支出需进行资本化，并按照 15 年的年限按比例直线摊销。开办费一般需按照 15 年的年限按比例直线摊销。

④坏账损失。企业计提的坏账准备金可以在确定相关款项无法收回的当年进行税前扣除。

⑤研发支出。根据企业采取的所得税会计处理方法的不同，研发支出符合条件的可以在发生当期全额扣除或在不少于 60 个月的期间内进行摊销。一般而言，企业一旦选择某种扣除方法，则必须保持不变。

⑥膳食和应酬费（业务招待费）。2017 年 12 月税改前，企业可以扣除高达 50% 与交易或业务的积极行为直接相关的应酬费用，或者在之前或之后立即发生实质性和真正的商业讨论。

2017 年的《减税与就业法》取消任何与通常视为招待娱乐或消遣的活动有关的费用的扣减额。如果纳税义务人（或其员工）在场，且其食品或饮料不算铺张或奢侈，纳税义务人可继续扣减商务餐成本的 50%。这些膳食可向目前或潜在的企业顾客、客户、顾问或类似身份的企业联络人提供。

在招待活动中提供的食品或饮料，若与招待项目分开购得，且其费用在一张或多张账单、发票或收据上与招待项目分开列出，则不会被视为招待项目。

⑦员工福利计划（养老金计划及支出）。企业为员工提供退休福利的可以享受政府提供的税收优惠，可以在当期扣除发生的员工退休福利支出，而员工相应的纳税义务可以递延至实际享受该福利时履行。

⑧已纳税款。纳税人已缴纳的州和地方税可以在联邦公司所得税税前扣除。

⑨经营净亏损。对于开始于2017年12月31日之前的税务财年所产生的企业经营净亏损既可以往前结转2年抵减以前年度的应纳税所得额，以获得已缴公司所得税退税，也可以往后结转20年抵减以后年度的应纳税所得额。对于2017年以后企业产生的经营净亏损仅可以无限期往后结转，抵减以后年度的应纳税所得额，2017年《减税与就业法》将营业损失扣减金额限制为年内纳税所得的80%。

（4）不允许税前扣除的项目

①罚金和罚款。因违反法律法规而向政府支付的罚金或罚款一般不得在税前扣除。

②行贿金、回扣和其他支出。直接或间接支付的行贿金、回扣或其他非法支出不得在税前扣除。

2.2.2.4 税率

《减税与就业法》将始于2017年12月31日后税务年度的企业所得税税率降低至纳税所得21%的单一税率。2017年税改前美国联邦公司所得税税率实行超额累进税率，多数大企业适用的税率为35%。

2.2.2.5 税收抵免

（1）带薪假和病假的税收抵免

《减税与就业法》为雇主添加了新的税额抵免优惠，即为雇员提供带薪家庭假和病假的税收抵免。该税额抵免优惠适用于2017年12月31日之后和2020年1月1日之前的纳税年度支付的工资。该税额抵免优惠是工资的一定百分比（根据《联邦失业税法》的目的和不考虑7000美元的FUTA工资限制而确定），在符合条件的员工的家庭假和医疗假期间，每个纳税年度最多12周。这个百分比可以在12.5%~25%之间，具体取决于休假期间支付的工资百分比。

（2）一般商业抵免

美国联邦税法为完成特定经济目标的企业提供各种特殊税收优惠，这些优惠被统称为一般商业抵免。纳税人在本纳税年度允许使用的一般商业抵免额最高不得超过其应纳所得税额，未抵免完的部分可以往以前年度结转1年，往以后年度结转20年。

（3）研发支出税收抵免

纳税人的合格研发支出中超过"基数"部分的20%可以作为研发支出税收

抵免，在特定期间内用于抵免其应纳美国联邦公司所得税。当年的基数由纳税人前四个纳税年度的平均收入额乘以固定比率得出，固定比率最高为16%。基本数额不能低于纳税人本年度发生的合格研发支出的50%。

（4）境外已纳税额税收抵免

通常情况下，纳税人可以选择抵免法或扣除法就在境外已纳所得税额在美国获得税收减免。纳税人有权在已缴纳或计提境外所得税之日起10年内在抵免法和扣除法之间任意转换。

2017年税改后，对于居民（包括自然人和企业）的境外所得采用属地原则，将境外利润的抵免法改为免税法，即无论在境外缴税多少，回到境内均不需再缴，并且对美国企业从持股10%以上的海外子公司获得的股息免税，同时修订税制来避免企业向境外转移利润、投资和工作岗位。

2.2.2.6　应纳税额的计算

用应纳税所得额乘以适用的税率，再扣除各项税收抵免算出应纳税额，计算公式如下：

$$应纳税额 = 应纳税所得额 \times 适用税率 - 税收抵免$$

2.2.2.7　申报缴纳

公司所得税的纳税人可以任意选择各自的纳税年度，即纳税的起讫日期，但一经确定，就不得随意改变。纳税人应在每年4月15日前提交预计申报表和上年实际纳税表，并按预计申报表在该纳税年度的4月15日、6月15日、9月15日、12月15日前，按一定的比例缴纳公司所得税。公司所得税按年一次征收。美国税收居民企业和在美国有经营场所或办公地点的外国税收居民企业必须在本纳税年度终了后第三个月的15日之前清缴税款。在美国没有经营场所或办公地点的外国税收居民企业必须在本纳税年度终了后第六个月的15日之前清缴税款。年度亏损可向后无限期结转但可抵扣上限为未来年份的应纳税所得额的80%。纳税期限通常不得延长。

2.2.2.8　合并纳税

美国母公司及其直接或间接持有80%以上股权的美国子公司可以组成美国合并纳税集团，提交合并的联邦公司所得税纳税申报表。合并纳税集团内某一成员公司的亏损可以抵销另一成员公司的利润。除某些设立在墨西哥和加拿大的子公司外，美国母公司的境外子公司不能成为美国合并纳税集团的成员。

2.2.2.9　联邦最低替代税

《减税与就业法》废止了始于2017年12月31日后年度的企业替代式最低税负（AMT）。联邦最低替代税（alternative minimum tax）也称"最小所得税"，是对除了S公司和小型C公司之外的其他公司征收的。

公司上一年度最低所得税负债抵减额允许进行可退还抵减,以抵销纳税义务人在始于2017年后但在2022年前的税务年度内的所得税负债。纳税义务人可将最低税负抵减额的50%用于抵销其正常所得税负债。纳税义务人可享受始于2021税务年度的全部公司最低税负抵减额(100%)。

2.2.3 联邦社会保障税

1935年美国建立了社会保障制度,开始征收社会保障税。当时经济大萧条,征收社会保障税的目的是为老年人提供一定收入保障。社会保障税(social security contribution)也叫工薪税(payroll tax),是对工薪所得征收的一种税,是社会保障计划融资的主要手段,专门用于社会保障支出,为62岁(法定最早退休年龄)以上符合条件的老人发放退休金。

2.2.3.1 纳税人

社会保障税的纳税人是在美国境内发生雇用关系、领取和发放工薪的雇员及雇主(不论其是否为美国公民或居民),以及美国公民或居民的自营职业者。

2.2.3.2 征税范围

社会保障税对纳税人取得的各种形式工薪所得以及自营职业者的自营所得课税。

2.2.3.3 税目和税率

美国社会保障税的税率为比例税率,具体税目和税率如表2-7所示。

表2-7 社会保障税税率表 单位:%

纳税人	税目		
	社会保险	医疗保险	失业保险
雇员	6.2	1.45	6.2
雇主	6.2	1.45	0
自营职业者	12.4	2.9	0

资料来源:美国国内收入署网站,http://www.irs.gov/。

2.2.3.4 应纳税额的计算

用应税所得乘以适用税率算出应纳税额,计算公式如下:

$$应纳税额 = 应税工薪所得(或自营所得) \times 适用税率$$

美国联邦社会保障税的应税工薪所得有上限规定,例如2017年社会保险的应税工薪所得上限为1.27万美元。

另外,雇主需要就雇员在美国提供劳务取得的工资薪金中7000美元以内的部分缴纳6.2%的联邦失业保险税。与社会保险和医疗保险相同,联邦失业保险税的缴纳是针对在美国提供劳务取得的收入征收的,与雇员以及雇主的税务居民身份无关。

此外,各州还对企业征收工伤保险税,适用税率依各州税法规定和员工工种的不同而不同。

2.2.3.5 申报缴纳

雇员应纳的社会保障税由雇主代扣代缴,雇主和自营职业者自行申报缴纳社会保障税。

2.2.4 消费税(excise tax)

消费税始于1789年,曾是美国联邦政府最早征收的两个税种之一。但随着个人所得税和社会保障税的兴起,消费税在美国的地位逐渐下降,近10年来美国的消费税占税收总额的比例不到4%,已变为美国国内税收的辅助税种。

消费税是联邦政府对国内生产、制造、使用及进口的货物和部分劳务征收消费税。主要税目有:烟草类、酒类、油气燃料类(汽、柴油等)、通信(电话等)、运输、枪支、破坏臭氧的化学品等。

消费税属于价外税,其税率有定额税率和比例税率两种形式。香烟、酒、汽油等适用定额税率,其他商品或服务适用比例税率。例如2019年汽油的联邦消费税税率为18.40美分/加仑、每20支香烟的联邦消费税税率为1.0066美元,而室内日光浴服务的税率为10%。

消费税按季度申报,每一季度终了后的一个月内申报纳税。消费税以半个月为一期缴纳税款,半个月结束后的第9天之前缴纳。

2.2.5 关税

1789年,美国开始征收关税。20世纪30年代以前,关税(customs duty)是美国实施贸易保护的重要工具。此后,美国倡导贸易自由,减少关税的保护主义色彩。之后几十年来,美国更多地运用配额、绿色指标等非关税贸易壁垒实现对美国产品的保护。

关税税率分为从价税率、从量税率或复合税率,其中从价税率一般从0~20%不等。

针对所有进口至美国的货物均需按照美国《关税税则》的分类规则区分为应税货物或免税货物。

进口货物由于原产地不同，税率也不同。除特定类别的货物外，进口货物均应分别注明其原产国。当美国与某些国家签订的贸易协定和其他特别协定规定原产于缔约国的某些类别或子类别的进口应税货物在满足一定条件的情况下，可以适用优惠的关税税率。例如，根据北美自由贸易协定，原产于加拿大或墨西哥的货物可以适用广泛的关税优惠。

并且，进口应税货物可以在保税仓库或美国的外贸区内最多存放5年而无须缴纳关税。此外，在外贸区内加工后复出口的货物也可以免缴关税，而且部分暂时进境的货物（如到美国旅游的个人随身携带的笔记本电脑，销售人员使用的产品样品等）可以适用临时免税通关制度。

扩展阅读 2-1

加征关税伤害美国经济——美国社会各界强烈反对提高中国输美商品关税

美国贸易代表办公室2019年5月8日宣布，将从2019年5月10日开始把价值2000亿美元中国输美商品的关税从10%提高到25%。中美经贸磋商尚在进行中，美国社会各界强烈反对美国政府提高关税，认为这只会伤害美国经济。

突然提高关税将严重打击美国企业

对中国输美商品加征关税将伤害美国消费者，这已成为美国社会各界的共识。近日，不少美国行业组织和企业纷纷发声，反对美国政府提高关税。

美国大豆协会7日发布公告，敦促美国政府取消对中国商品加征关税的计划，期待美国政府通过谈判与中方建立更好的贸易关系。美国服装和鞋类协会主席里克·赫芬贝说，提高关税只会伤害美国家庭、美国工人、美国公司和美国经济。美国消费者技术协会主席加里·夏皮罗表示，突然将关税提高到25%将"扰乱市场，损害美国企业"。

美国零售联合会负责政府关系的高级副总裁弗伦奇表示，突然提高关税将严重打击美国企业，特别是那些资源有限、无法减轻影响的中小企业，"美国消费者将面临更高的价格，美国的就业机会将会减少"。

位于华盛顿的美国商务咨询机构"全球贸易伙伴关系"的一项研究显示，对价值2000亿美元中国输美商品征收25%的关税，连同现有的对500亿美元中国商品征收25%的关税，以及对进口钢和铝产品加征关税，将导致美国每年减少93.4万个就业岗位，给四口之家增加767美元的生活成本。

美国消费者的钱袋子"瘪了下去"

提高关税对美国消费者的影响是实实在在的,让民众的钱袋子"瘪了下去"。《华尔街日报》报道指出,加征更高关税将对美国普通消费者产生巨大影响,因为涉及的是一系列消费品,包括杂货、纺织品、服装、体育用品、肥皂、灯具和空调等。

美国商会去年在其网站上开设了名为"贸易管用,但关税不管用"的专题页面,认为美国企业和消费者正承受着贸易战的冲击,并用从浅到深的红色来标注正在进行的贸易战对美国各州和企业造成的伤害。点开任意一个州,都可以查到贸易争端对该州主要行业的影响。地图上受伤害最严重的深红色越来越多,已覆盖近40个州。

近日,芝加哥大学和美国联邦储备委员会的一项联合研究用"洗衣机的例子"来证明提高关税对消费品的影响。结果显示,自2018年1月美国对进口洗衣机加征关税以来,洗衣机的平均价格上涨了12%,美国消费者每年在洗衣机和烘干机上的支出增加了15亿美元,每台洗衣机要多花86美元,每台烘干机要多花92美元。

纽约联邦储备银行、哥伦比亚大学和普林斯顿大学经济学家的一项研究发现,美国政府提高关税——包括对钢铁、铝、太阳能电池板和中国进口产品加征关税,税负完全落在了美国消费者和企业身上,至少让美国消费者每月损失14亿美元。

美国农民正在经历"艰难的经济时刻"

美国农民同样遭到打击,生计受到严重影响。2018年,美国农业净收入下降了12%,大豆、猪肉、乳制品和小麦价格遭遇断崖式下跌,设备价格却在上涨,导致利润大幅下降。

堪萨斯州比斯马克农场第四代农场主洛维·内兹尔对本报记者表示,因为加征关税,他的农场从去年以来就在经历"艰难的经济时刻"。去年美国政府宣布发放120亿美元农业补贴,以援助在美国挑起的贸易争端中受损的美国农场主。洛维·内兹尔说,补贴的钱是拿到了,但比起失去的市场以及减少的收入,"这点儿补贴远远不够。"

堪萨斯州玉米协会研究管理部主任达尔·弗杰尔博士对本报记者说,农民大部分收入都投入到了农机设备上,不仅因为提高关税造成销量下滑、收入减少,还有设备成本上涨原因。修建放置农机设备的库房需要使用铁、铝等原料,这些原料因为贸易战都被征收重税,导致这方面的成本上涨。"不知道这种境况还要维持多久,农民一直在等待好消息,等来的却是一次又一次失望。"他说。

翻看美国各大媒体,美国农民受加征关税影响的例子无处不在。堪萨斯州的一位谷物农场主吉姆·塔蓬说:"我们熬过了20世纪70年代和80年代的困难时期，却熬不过现在。"其家族在经营近100年后不得不放弃他们的农场。艾奥瓦州的养猪户霍华德·希尔正在赔钱，他说："我们有耐心，但我们没有无限的耐心。"弗吉尼亚州种植大豆、玉米和小麦的农场主约翰·博伊德再也买不起他需要的设备了，"我什么都没买到"……美国农业部经济研究局表示，贸易战可能使美国2019财年的农业贸易顺差降至2007年以来的最低水平，部分原因是"预计对华出口大幅下降"。

世界最大的两个经济体之间的经贸摩擦也引发了对全球经济增长的担忧。国际货币基金组织、世界银行等机构不久前下调了对世界经济增长的预期，世界贸易组织将2019年全球贸易增长预期从3.7%下调至2.6%，为3年来最低水平。国际货币基金组织研究部副主任吉安·马里亚·米莱西—费雷蒂在接受本报记者采访时表示，贸易壁垒的增加会破坏全球供给链，美国的贸易政策及其造成的贸易紧张局势加剧，是当前世界经济前景面临的主要威胁之一。

资料来源：吴乐珺. 加征关税伤害美国经济——美国社会各界强烈反对提高中国输美商品关税［EB/OL］. 人民网，http://finance.people.com.cn/n1/2019/0510/c1004-31076936.html，2019-05-10.

2.2.6 遗产税和赠与税

1916年，美国联邦政府正式开征遗产税。1932年通过立法长期开征赠与税。1977年将遗产税和赠与税的税率和宽免项目统一，称为统一转移税，并开征了隔代转移税。目前，美国实行总遗产税制，即是指对死者的遗产总额征税，而不管遗产的继承情况和遗产将作何种方式分配。

2.2.6.1 纳税人

遗产税的纳税人是遗嘱的执行人。赠与税的纳税人是财产的赠与人。

2.2.6.2 征税范围

遗产税的征税范围是死亡者遗留下的全部财产，以及死者在去世前3年期间转移的各类财产，包括的财产有：现金、证券、房地产、保险、信托、年金、经营利润和其他资产。赠与税的征税范围是赠与人直接、间接或是以信托赠与形式赠与的财产。

2.2.6.3 免税额

美国遗产税和赠与税有总的免税额，且赠与税的每个受赠者有年免税额。2009~2019年赠与税的免税额，如表2-8所示；2014~2018年遗产税和赠与税的一生免税额，如表2-9所示。

表 2-8　　　　2009~2019 年赠与税的每个受赠者年免税额　　　单位：万美元

年份	2009~2012	2013~2017	2018~2019
免税额	1.3	1.4	1.5

资料来源：美国国内收入署，http://www.irs.gov/。

表 2-9　　　　2014~2018 年遗产税和赠与税的一生免税额　　　单位：万美元

年份	2014	2015	2016	2017	2018
免税额	534	543	545	549	1118

资料来源：美国国内收入署，http://www.irs.gov/。

2.2.6.4　允许扣除项目

遗产税和赠与税的扣除项目主要有婚姻扣除、慈善捐赠扣除和一些必要的费用支出。可以扣除的必要费用包括丧葬费、支付给遗产管理者的佣金及律师费等管理费用、死亡者未偿还的债务等。

通常情况下，下面的赠与是不计入应税赠与的：

①为某人支付的直接支付给教育机构的学费和医疗机构的医疗费用是免税的。

②给予配偶的赠与是免税的。

③给政府部门的赠与是免税的。

④慈善捐赠是免税的。

⑤没有超过每年日历年度免征额的赠与是免税的，但不包括未来权益的赠与。

另外，如果某人和某人的配偶同时给第三方赠送礼物，礼物可以被看作某人赠一半，某人的配偶赠一半。双方必须都同意赠与分割，如果双方都同意，每个人都可以从某人赠与的部分扣除年免征额。2019 年赠与分割允许已婚夫妇给一个人的最高免税赠与额是 3 万美元。

2.2.6.5　计税依据

遗产税和赠与税的计税依据为应税财产的评估价值。遗产的价值，使用死亡日或死亡日后的 6 个月内的财产分配日等其他可替代的估价日的公平市价进行估算。赠与财产的价值，使用赠与日的公平市价进行估算。

2.2.6.6　税率

遗产税和赠与税适用统一的税率表。2018 年联邦遗产税和赠与税的税率为 18%~40% 的超额累进税率，如表 2-10 所示。

表2-10　　　　2018年联邦遗产税和赠与税统一税率　　　　单位：%

应税所得	边际税率
不超过1万美元的部分	18
1万~2万美元的部分	20
2万~4万美元的部分	22
4万~6万美元的部分	24
6万~8万美元的部分	26
8万~10万美元的部分	28
10万~15万美元的部分	30
15万~25万美元的部分	32
25万~50万美元的部分	34
50万~75万美元的部分	37
75万~100万美元的部分	39
超过100万美元的部分	40

资料来源：美国国内收入署，http://www.irs.gov/。

2.2.6.7　应纳税额的计算

用应税遗产的评估价乘以适用的税率，再扣除各项税收抵免算出应纳税额，计算公式如下：

$$应纳税额 = 应税遗产的评估价 \times 适用税率 - 税收抵免$$

2.2.6.8　申报缴纳

遗产税的纳税义务人必须在死者去世后的9个月内进行纳税申报。因故不能按时申报的，在申报期限内提交申请，可以得到6个月的延期。纳税人可以选择分期付款缴税。延期申报缴纳要支付罚款。赠与税按年计算、申报和纳税。申报期限一般为次年的4月15日之前。

2.2.7　州税和地方税

2.2.7.1　州的销售税

销售税是一种大家有可能每天都接触到的税。20世纪30年代初，密西西比州和西弗吉尼亚州开始征收销售税（sales tax）。美国各州的销售税一般选择在零售环节，对商品和劳务征收，因此也称零售税。

在征税范围上，开征销售税的各州都对处方药、电脑软件程序和医疗服务免税，食品、住宅用电器和煤气、农用机械等也是各州考虑免税的主要对象。

州的销售税税率为比例税率，每个州的销售税税率略有不同，各州的税率水平大多在3%~9%之间。例如，2019年科罗拉多州的州销售税税率为2.9%，美国加州的州销售税税率为8.25%。

州的销售税是价外税，由货物或劳务的购买方负担，一般由零售商向购买者收取后向州政府的主管税务机关申报缴纳。

美国时间2018年6月21日，美国最高法院裁决各州和地方政府可以开始向互联网零售商征收销售税。最高法院以5:4的投票推翻了1992年的一项裁决。当年的裁决使互联网基本上成为一个免税区域。该裁决规定，如果零售商在某个州没有实体店，就不用交税。

5个没有销售税的州分别是阿拉斯加州、特拉华州、蒙大拿州、新罕布什尔州、俄勒冈州。其中，阿拉斯加和蒙大拿允许地方收取当地销售税。

2.2.7.2 州的个人所得税

州个人所得税的课征模式与联邦个人所得税基本相同。

在应税所得的确定上，有26个州的个人所得税的税基为申报联邦个人所得税的AGI，8个州的税基为计算联邦个人所得税的应税所得，3个州的税基为联邦个人所得税的应纳税额。

大多数州采用累进税率，税率范围约在1%~10%之间。

目前，大多数州都与联邦合作，纳税人可以采用电子方式一次性申报州个人所得税和联邦个人所得税。

美国现有7个州没有州个人所得税，包括阿拉斯加州、得克萨斯州、佛罗里达州、内华达州、怀俄明州、南达科他州和华盛顿州。

2.2.7.3 州的公司所得税

州的公司所得税的课税模式与联邦公司所得税基本相似，只是各州对税基的规定和税率水平略有不同，但总的来说都是以联邦公司所得税的税基为基础。

大多数州的公司所得税税率为比例税率，税率从1%~12%不等。

州公司所得税的计税依据通常为企业的联邦应纳税所得额经过该州法律规定的纳税调整之后乘以一定的分摊比例之后得出。传统上，分摊比例的计算一般基于三个因素，即：有形动产和租赁费用、销售收入和其他收入，以及薪资。然而，由于社会和技术变化，越来越多的企业不再需要依靠在一个州雇用人员或投放资产的方式产生收入，越来越多的州仅考虑将销售收入作为唯一分摊因素或对销售因素进行加权。企业缴纳的地方税可以在计算联邦公司所得税时用于税前扣除。

以加利福尼亚州（以下简称"加州"）为例，2017年加州的公司（除银行和金融企业）的所得税税率为8.84%。在加州开展经营业务和取得来源于加州收入的企业需在加州缴纳所得税，其计税依据为企业全部收入按照销售收入分摊比例计算得出。依据具体的收入和费用类型，加州所得税的具体税务处理方法与联邦公司所得税有一定差异。在美国某些州（如俄亥俄州）政府允许市县级政府针对本地企业征收所得税。其应税收入和分摊率的计算方法与州税类似，而税率一般较低。

2.2.7.4 地方的房产税

美国地方政府来征收房产税，地方政府根据各自实际情况来确定税率并依法征收，这项税收主要用于居民所在区域的教育及公共服务的支出。

（1）纳税人

美国房产税的纳税人为拥有房地产的自然人和法人。包括住宅所有者、住宅出租者，但不包括住宅承租者。

（2）税率

美国每个州都会收取一定的房产税，每个州以及州内郡县的收费都各有不同，税率约为1%~3%。据统计，2018年美国房地产税率最高的州分别为新泽西州、伊利诺伊州、得克萨斯州、新罕布什尔州、威斯康星、佛蒙特州。而税率最低的州分别是夏威夷州、亚拉巴马州、路易斯安那州、特拉华州、科罗拉多州和田纳西州。夏威夷州的税率仅为0.28%，而最高的新泽西州则为2.38%，是夏威夷州的8倍多。

房产税的税率由地方政府根据各级预算来制定，而预算应征收的房产税与房屋计税价值总额每年都有变化，因此房产税税率每年都不同。如果某个地方政府的一年开支为2亿美元，这个地方的房产估价总额为100亿美元，那么该地当年的房产税税率便为2%。税率的计算公式为：

$$房产税税率 = 预算应征收的房产税税额 \div 房产计税价值总额$$

（3）计税依据

房产税的计税依据为房产的评估价值。房产估值一般由持有证书的专业评估师给出市场公平价。由于美国大多数房屋为独栋房，所以房与房的差别很大，包括地块的大小、可用面积、房屋式样等。评估师一般会采用销售对比方法，即比较近6个月内三四个在附近已售房屋的价格，根据地块大小、房屋大小、房型、房龄、房屋设施等进行调整。另一个方法是重置成本法，但此法一般是针对新房，主要考虑重建同样房屋所需成本，然后根据地价以及折旧调整。

（4）减免

美国地方政府规定了一些减免税项目，主要是对自住房屋给予减免税。以加州为例，纳税人的主要自用住宅可免除7000美元的房产税；残疾退伍军人可免除15万美元的房产税。

（5）申报缴纳

在美国缴纳房产税手续简单。地方政府通常会给每个房主邮寄一份纳税通知。房主需在指定期限内将房产税额通过支票和纳税通知的回执寄回地方政府指定地址即可。有些地方也可以通过网上支付。各地政府对纳税频度各有规定。比如，费城一年只有一次，房产估值办会在每年 12 月给房主寄发房产税表，房主必须在第二年 3 月 31 日前支付。加州房地产税分两次缴纳：第一次是当年的 11 月 1 日；第二次是次年的 2 月 1 日。新泽西州一年则分 4 次。

(6) 拒交处罚

对未按期限纳税者采取罚息和罚金措施，拖欠时间越长罚金越高。当所欠税款和罚息罚金达到一定程度后，地方政府可以对拖欠房产税房产采取留置、拍卖。很多法拍房就是这么来的。由于政府房产税拥有最先申诉抵押权，因此，如果房产主对多方机构有违约，那么地方政府有最优权力在房产拍卖所得款项中得到资金用于抵税。以加州为例，如果超过期限，房主会被征收应付款 10% 的罚金；逾期三年未缴纳房产税会导致房产被地方政府没收拍卖。

2.3 美国的税收征收管理

2.3.1 美国税收征管机构及其职责

美国联邦、州和地方三级政府都有自己的税收征管机构。联邦政府的税收管理机构包括美国国内收入署（internal revenue service）和美国海关署（U. S. customs service）。美国国内收入署负责联邦税的征收，海关署负责关税的征收。州和地方政府的税收管理机构包括州政府的税收征收管理机构一般称为"收入部"（department of revenue），也有叫作"税务部"。各级地方政府相应设置县税务局、市税务局等。州与地方税务机构负责州与地方税的征收。各州与地方税务机构有权对征管中的问题作出决定而无须美国国内收入署批准，也就是说，各州的税务机构与联邦的税务机构基本是互相独立的。

2.3.2 美国税收征收管理制度

2.3.2.1 税务登记

税务登记是税收征收管理的起点。美国税务登记的重点是建立纳税人的识别号码。个人的纳税人识别号码是他们各自的社会保障号码（the social security number，SSN）；公司、合伙企业、投资俱乐部、信托、遗产和免费组织使用雇主识别号码（employer identification number，EIN）。

2.3.2.2 纳税服务

美国的各级税务机关为纳税人提供大量免费的纳税服务。纳税服务的内容主要包括：电话咨询服务、发放和寄送大量的公告、为各类申报表编制填报说明和指导、开展税务教育等。另外，美国有志愿者专门为低收入或65岁以上老人提供免费的纳税服务。

2.3.2.3 申报缴纳

美国政府为纳税人提供免费的申报软件，鼓励纳税人进行电子申报，不仅方便快捷，而且安全和环保。传统的纳税申报方式有邮寄申报或直接申报。

纳税人和扣缴义务人通过支票或转账的方式缴纳税款。除了邮寄支票外，纳税人还可以通过联邦税款电子付款系统（the electronic federal tax payment system）进行电子缴付。目前，政府鼓励纳税人进行电子缴税，绿色环保。税款缴纳的期限与申报期限相同。无法实施代扣代缴税款的非居民、在美国没有经营场所的外国公司，在纳税年度终了后的第六个月的第15天以前缴清税款。

2.3.2.4 纳税检查

纳税检查通常采用现场检查、通信检查、办公室检查等方式。检查的重点是收入项目和扣除项目。检查结束后，检查人员要通知纳税人检查结果、补税金额及处罚依据等。如果纳税人对检查结果有异议，可以在规定的期限内向美国国内收入署的复议部门申请复议，或是向有关法院起诉。

2.3.2.5 税务复议

纳税人如果对税务机关的纳税检查结果持有异议，可以在收到检查结果的处理意见书（称"30天信"）的30日内，向美国国内收入署复议办公室申请复议。

2.3.2.6 税务诉讼与审判

受理税务诉讼的审判法院有：美国联邦地区法院（U. S. district court）、美国联邦索赔法院（U. S. court of federal claims）和美国税务法院（U. S. tax court）。联邦索赔法院和税务法院受理全国各地纳税人的案件，区法院只受理居住在该法院辖区内纳税人的案件。这三个审判法院在诉讼方式、诉讼费用、审判方式等方面是有差别的，纳税人可根据自身状况选择适合的法院进行诉讼。

如果纳税人对审判法院的判决不服，可以向美国上诉法院（U. S. court of appeals）、美国联邦巡回上诉法院（U. S. court of appeals for the federal circuit）和美国最高法院（U. S. supreme court）进行上诉。

2.3.2.7 强制执行

为了保证税款征收，美国国内收入署有权使用扣押、留置、拍卖等税收保全和强制执行措施。

2.3.2.8 处罚

处罚的法律依据主要是：国内收入法典、国内税务手册、美国国内收入署的税收裁定及其他公告、其他有关法规。税法规定，以下情况不可以进行处罚：宣布破产、因服兵役而带来经济困难、事实证明罚则涉及的纳税义务尚未形成、因税务人员的过失造成的。

扩展阅读 2-2

不满数字服务税　特朗普威胁向法国葡萄酒加征关税

因不满法国向美国科技企业征收数字服务税，美国总统特朗普 2019 年 7 月 26 日威胁将向法国葡萄酒加征关税。

特朗普当天先是在社交媒体上表达不满。他称，法国向美国科技公司征收数字服务税是"愚蠢之举"，"我们将很快宣布采取实质性的对等措施。"

法国政府日前通过数字服务税法案。根据规定，全球数字业务年营业收入不低于 7.5 亿欧元和在法国境内年营业收入超过 2500 万欧元的企业将被征收 3% 的数字服务税。这也意味着谷歌、亚马逊、脸书、苹果等美国科技企业将被征收该税。

美国贸易代表办公室 10 日已宣布，对法国政府的数字服务税法案发起"301 调查"。

"虽然我不喝酒，但比起法国葡萄酒，我一直更喜欢美国葡萄酒。"特朗普随后在白宫面对记者时再次表示，法国不应该向美国公司征收数字服务税，这是"错误之举"。

在被问及美方何时开始加征关税时，特朗普表示，很快就会宣布，"可能是葡萄酒，也可能是别的，总之会是'对等'的关税。"

白宫当天对此发表声明称，美方对法方的这一决定"极为失望"。法方的单边措施将目标对准美国科技公司，这表明法方对正在进行的经合组织谈判缺乏承诺。

据媒体报道，除法国外，英国、意大利、奥地利、新西兰等国也在考虑征收数字服务税，欧盟也在就此进行论证。经合组织正试图找到一个国际公认的解决方案，从而将数字服务纳入税收框架。

白宫表示，除"301 调查"外，美方正在密切关注所有其他政策工具，"对于美国公司遭受的歧视政策，美方不会坐视不理。"

美国 CNBC 电视台报道称，美国是法国最大的葡萄酒出口市场。去年法国向美国出口了 32 亿欧元（约合 36 亿美元）的葡萄酒。

外国税制

26日晚间,白宫又发布一则简短声明称,特朗普当天与法国总统马克龙通电话,双方讨论了包括法方征收数字服务税在内的一系列问题。

资料来源:陈孟统. 不满数字服务税 特朗普威胁向法国葡萄酒加征关税[EB/OL]. 中国新闻网,http://www.chinanews.com/gj/2019/07-27/8908766.shtml,2019-07-27.

第 3 章 日 本 税 制

日本位于太平洋西岸,是一个由东北向西南延伸的弧形岛国。西隔东海、黄海、朝鲜海峡、日本海与中国、朝鲜、韩国、俄罗斯相望。陆地面积约37.8万平方公里,包括北海道、本州、四国、九州四个大岛和其他6800多个小岛屿。人口约1.265亿(2018年4月)。日本的资源贫乏,90%以上依赖进口,其中石油完全依靠进口。日本是世界第三经济大国,2018年名义国内生产总值(GDP)约548.9万亿日元,增长率为0.7%[1]。日本实行立法、司法、行政三权分立。天皇为国家象征,无权参与国政。国会是最高权力和唯一立法机关,分众、参两院。内阁为最高行政机关,对国会负责,首相(亦称内阁总理大臣)由国会选举产生,天皇任命。日本全国分为1都(东京都)、1道(北海道)、2府(大阪府、京都府)和43县(省),下设市、町、村。

3.1 日本税收制度概述

3.1.1 日本税收管理体制

日本的税收立法权集中在中央,中央政府不仅负责中央税收的立法工作,还负责地方税收的立法工作。中央税收简称国税,由财务省税收政策局和关税局负责法案、修正案的起草工作,由内阁提交国会审议、批准。国税的税收征管权限主要是国税和部分地方税的征收、稽查和管理。地方政府的税收权限由中央立法所规定,主要包括地方税课税及税率选择、制定地方税征收条例和地方税征管。地方税包括都道府县税和市町村税,除地方消费税由国税部门代为征收外,其余地方税均由地方政府设立的税务管理部门负责征收。

日本中央税与地方税的划分主要遵循事权与财权相匹配的原则,各级政府事务所需经费原则上由本级政府财政负担。全国统一税率、便于中央征收的大宗税源归中央征收,财产税等便于地方征收的小税种归地方征收。另外,涉及国家宏

---

[1] 外交部:日本国家概况[ED/OL]. 外交部网站, 2019-05, https://www.fmprc.gov.cn/web/gjhdq_676201/gj_676203/yz_676205/1206_676836/1206x0_676838/.

观政策、关系民众收入公平的税种归中央,地方税以谁受益谁支付的原则划分。

3.1.2 日本税制体系和结构

在日本税制中,直接税占据的比例一直较高,消费税占比逐步提高,所得税、消费税和法人税是日本税收收入的主要来源。日本现行的主要税种有:法人税、个人所得税、消费税、酒税、关税、继承和赠与税、固定资产税、印花税等。在消费税引入之前,个人所得税和法人税是日本的主要税收收入来源,合计比例超过一半,是日本税制体系的核心税种。自1989年首次开征消费税以来,消费税在日本税收总收入中所占比例逐步提高。

3.2 日本主要税种的征收制度

3.2.1 个人所得税

3.2.1.1 纳税人

纳税人分为居民纳税人和非居民纳税人。居民纳税人是指在日本国内连续居住一年以上且拥有住所的个人。非居民纳税人是指在日本国内没有住所的个人,其纳税义务仅限于日本国内的源泉所得。

3.2.1.2 课税对象及课税类别

日本所得税法规定了个人所得税的综合课税原则,即将每个纳税人一年内的各种所得合计加总,然后适用个人所得税税率课税。纳税人的所得主要包括:工薪所得、利息所得、红利所得、营业所得、不动产所得、转让所得、山林所得、杂项所得等。

但是,对某些特殊所得有特殊规定。一是对利息所得、山林所得、某些红利所得和转让所得实行源泉分离课税,源泉征税后,不再计入综合课税所得总额中。二是税法规定了非课税所得和免税所得。非课税所得是指军人遗属领取的抚恤金和年金、失业者领取的失业保险给付、低收入者领取的生活保障补贴等;免税所得是指例如开垦地的农业所得等。

3.2.1.3 综合课税所得的税前扣除

综合课税所得的税前扣除主要包括:社会保险费扣除、人寿保险费扣除、配偶扣除、抚养扣除、基础扣除、残疾人扣除等。下面介绍一些主要扣除项目。

①社会保险费扣除：一年支付的社会保险费全部都可以税前扣除。

②人寿保险费扣除：2012年1月1日以后签的保险契约金额超过8万日元，可以扣除4万日元；2011年12月31日以前签订的保险契约金额超过10万日元的，可以扣除5万日元。夫妻双方最高扣除限额为10万日元。

③配偶扣除：一般配偶可以扣除38万日元；如果配偶是老人或残疾人扣除数额更多。

④抚养扣除：扶养老人或孩子可以进行抚养扣除。例如抚养16岁以上的孩子1人可以扣除38万日元，抚养2人则可以扣76万日元，如果是大学生则可以扣除63万日元。

⑤基础扣除：38万日元。

另外，亏损抵补：对于经营性亏损，原则上可以按一定程序从其他所得中跨类别抵补，仍抵补不完时，可转到以后3个年度里抵补，即亏损结转。

3.2.1.4 税率

日本个人所得税适用5%~45%的超额累进税率，如表3-1所示。

表3-1 令和元年（2019年）日本个人所得税税率表（应纳税额＝A×B－C）

A 应纳税所得额	B 税率（%）	C 扣除额（万日元）
1000~195万日元的部分	5	0
195万~330万日元的部分	10	9.75
330万~695万日元的部分	20	42.75
695万~900万日元的部分	23	63.6
900万~1800万日元的部分	33	153.6
1800万~4000万日元的部分	40	279.6
超过4000万日元的部分	45	479.6

资料来源：日本财务省网站，http://mof.go.jp/。

3.2.1.5 应纳税额的计算

应纳税额＝应纳税所得额×适用税率－税收抵免

具体扣除额如表3-2所示。

表3-2 令和元年（2019年）日本工薪所得扣除额

全年工薪所得	工薪所得扣除额
不超过162.5万日元的部分	65万日元
162.5万~180万日元的部分	年薪×40%

续表

全年工薪所得	工薪所得扣除额
180万~360万日元的部分	年薪×30%+18万日元
360万~660万日元的部分	年薪×20%+54万日元
660万~1000万日元的部分	年薪×10%+120万日元
超过1000万日元以上的部分	220万日元

资料来源：日本财务省网站，http://www.mof.go.jp/。

例：某日本居民纳税人的全年工薪所得为500万日元，计算其应纳税所得额及应纳税额。

工薪所得的税前扣除额=500万×20%+54万=154（万日元）
应纳税所得额=500万-154万=346（万日元）
另外：
该人可以税前扣除的项目=社会保险费扣除60万+生命保险费扣除10万+配偶者扣除38万+抚养扣除76万+基础扣除38万=222（万日元）
所以：
该人应纳税所得额=346万-222万=124（万日元）
应纳个人所得税税额=124万×5%=6.2（万日元）

3.2.1.6　税收抵免

日本个人所得税法为避免个人所得税和法人税的双重征税设置了股息抵免项目。为避免国内个人所得税和外国个人所得税的双重征税设置了外国税额抵免。日本居民的国外源泉所得依据外国法律已缴纳的外国税额可以从日本的个人所得税和居民税中抵免。另外，对于符合一定条件的住宅贷款设置了税收抵免。

3.2.1.7　申报缴纳

日本个人所得税的课税实行源泉征收和年终申报相结合，每个纳税人到年终都必须进行申报并缴纳税款。纳税人必须于每年2月16日~3月15日之间确定申报并纳税。确定申报税额减去源泉征收税款和预缴税款后为年终应补缴税款，纳税人提交申报书后，在每年3月15日之前缴纳税额的1/2以上，剩余的可以在5月31日前缴纳。如果没有按期申报缴纳的，就需要支付拖欠税款、利息甚至罚款。

3.2.2　个人居民税

日本个人居民税属于地方税，是都道府县和市町村两级地方政府对个人所得的课征。个人居民税的纳税人是在本都道府县和市町村行政区域内拥有住所和事务所的个人。

个人居民税的课征包括两部分：一部分是按人头采用定额税率课征的人头课税；另一部分是按所得采用累进税率课征的所得课税。所得课税又分为分离课税和综合课税，对利息所得、土地房屋转让所得和退职所得实行分离课税，对其他各种所得实行综合课税。

税率分为人头征税和所得征税两种情况，人头征税税率为都道府县 1000 日元/年·人、市町村 3000 日元/年·人，所得征税为都道府县和市町村分别为 4% 和 6%。但在 2014～2023 年度的 10 年期间，人头征税税率分别为 1500 日元和 3500 日元。

个人居民税的征收由市町村统一负责，属于都道府县收入的，由市町村征收后划交都道府县政府。市町村税务部门于 5 月底前将都道府县民税和市町村民税的纳税通知书寄交给纳税人，纳税人在 6 月、8 月、10 月、11 月分四次到市町村的纳税窗口缴纳。

3.2.3 个人事业税

日本个人事业税属于都道府县税，是指都道府县对个人营业所得征收的税。个人事业税的纳税人是在都道府县设立事务所或营业所从事法定事业的个人。

法定事业包括三类：第一类包括物品销售业、保险业、不动产租赁、制造业、运送业、旅馆业、料理店业、代理业等 37 个业种；第二类包括畜产业、水产业和薪炭制造业 3 个业种；第三类主要是自由职业，包括医疗、律师、美容等 31 个业种。

个人事业税实行比例税率：第一类事业税率为 5%；第二类事业税率为 4%；第三类事业中的医疗业、护士业等税率为 5%，按摩、针灸等为 3%。各都道府县可以适当提高税率，幅度为标准税率的 10%。

都道府县税务部门于每年 7 月底前将个人事业税的纳税通知书寄交给纳税人，纳税人在 8 月、11 月分两次到都道府县的纳税窗口缴纳。

3.2.4 法人税

3.2.4.1 纳税人

法人税是对法人的业务活动所产生的所得征收的税，是广义的所得税的一种。在日本国内有总部或主要事务所的法人为国内法人，除此之外的法人为国外法人。

3.2.4.2 征收范围

对于国内法人，其来源于日本境内、境外的全部所得均属于征税对象，国外法人仅限来源于日本境内的所得承担纳税义务。国内法人又分为普通法人、合作组织、公益法人以及无法人资格的社团等。普通法人和合作组织以全部所得作为法人税征税对象，而对于公益法人和无法人资格的社团则只对其从事营利性业务的所得征税。

3.2.4.3 税率

从2018年4月1日起，注册资本金不足1亿日元的中小法人的税率为：800万日元以下的所得部分适用15%的税率；超过800万日元的所得部分适用23.2%的税率，这是为减轻中小企业的税收负担而设置的二级税率。中小法人以外的法人税税率为23.2%。

3.2.4.4 应纳税所得额的确定

应纳税所得额一般是以企业会计核算中的本期利润为基础，并对其进行必要调整。

（1）收入

收入既包括当年的销售收入、红利收入、土地及房屋等固定资产的收入、承包工程及提供其他劳务的收入、存款及贷款的利息收入等企业会计核算中列为决算收益的收入，还包括企业会计核算中不列为收益的收入，如无偿转让资产和无偿提供劳务等的收入。

（2）不征税和免税收入

对于来自实际控股在5%及以下的企业的红利，20%的红利收入为免税收入；对于来自实际控股在5%～33.33%的企业的红利，50%的红利收入为免税收入；对于来自实际控股在33.33%以上的企业的红利，税法允许全额不列入收入。

（3）税前扣除

税前扣除包括企业会计核算中与获取当年收入有关的生产成本、费用、损失等支出，还包括一切企业会计核算中不作为当年费用的项目，如各种准备金、特别基金等。

①交际费计入费用的处理。法人支出的交际费在企业会计核算上是全额计入费用的。但是，在税法上对计算法人应纳税所得额时的费用计入进行了限制，日本称其为交际费征税制度。现行制度为：资本金在1亿日元以下的法人，可以选择采用限额或者餐饮招待费的1/2作为费用进行列支，采用限额列支方式的企业，其年度交际费支出中低于800万日元的部分可计入费用，超出800万日元部分不能计入费用；对于资本金在1亿日元以上的法人，餐饮招待费的1/2可计入费用，超出餐饮招待费1/2的部分不能计入费用。

②捐赠费用的处理。对政府的捐赠和指定捐赠全额计入费用；对特定公益法人捐赠不能全额计入费用。其每年能计入费用的最高限额按以下公式计算：捐赠计入费用的最高限额=（期末资本金额×0.0025+当年所得金额×0.025）×0.5。

一般捐赠指上述两项以外的捐赠，法人一般捐赠计入费用的最高限额与对特定公益法人的捐赠相同。

(4) 特种基金、准备金

现行允许列入当期费用的特种基金有呆坏账基金、退货处理基金和退职金基金等，允许列入当期费用的准备金主要有海外投资损失准备金、特别修缮准备金和防止金属矿业等矿害准备金等。

(5) 关于购买土地借贷利息列入支出的限额

按规定，法人不得将购买土地的利息支出在一定期间内（4年）全部列为费用。原则上，该利息支出列为费用，每年只能按相当于土地购买价的6%的金额或者该法人的借贷的平均利息水平而算出的金额作为最高限额。不能列入费用的利息，在一定限期后可4年平均列入费用。转让该土地时，在此以前未列入费用的利息支出可一次性列入费用，但对于买进土地用作宅基地开发等事业用可不在此列。

(6) 所得扣除

所得扣除是根据特别租税措施法的规定，对某些本应征税所得做费用处理，体现政府的有关政策。现行的规定主要有以下几种扣除：即科技产业海外所得特别扣除、新矿床勘探费与海外新矿床勘探费特别扣除和农协等提留所得特别扣除等。

(7) 资产折旧

折旧资产包括：房屋、机械、设备等有形资产；无形资产以及动植物资产等。税法规定，属于资产范围的设备、机具等，如果其使用年限不足1年，或者购置费不足10万日元，则可不作为资产折旧，而作为启用日当年的一次性支出计入当年费用。

各类固定资产的使用年限由财务省发布的"有关折旧资产使用年限的省令"具体规定，如钢筋水泥结构事务所厂房的使用年限为50年、普通汽车为6年等。折旧方法主要有直线法和余额递减法。

(8) 亏损弥补

在计算法人应纳税所得额时，对于法人的亏损，原则上不允许结转。但对于实行蓝色申报纳税的企业，如满足相关条件，对于以前年度的亏损，相当于本期应纳税所得80%的部分准予扣除。

3.2.4.5 应纳税额的计算

法人税应纳税额为法人会计年度的应纳税所得额乘以适用的税率减去各项税收抵免计算得出。

$$应纳税额 = 应纳税所得额 \times 适用税率 - 税收抵免$$

3.2.4.6 特别税收抵免

为了鼓励法人开展某些开发、投资活动，给予法人一些税收抵免，主要包括：促进基础技术研发的税收抵免、强化中小企业技术基础的税收抵免、促进能源需求结构调整投资的税收抵免、促进中小企业新技术投资的税收抵免等。

3.2.4.7 纳税申报

纳税人必须在会计年度终了后的两个月内向税务部门提交法人税的纳税申报书。因本年度亏损不用缴纳法人税的纳税人也必须进行确定申报。

3.2.5 法人居民税

法人居民税属于地方税，分为都道府县居民税和市町村居民税。法人居民税的纳税人是在本都道府县和市町村行政区域内有事务所或职工宿舍的法人以及从事盈利业务经营的无法人资格的社团。

法人居民税的课征包括两部分：一部分是对法人本身采用定额税率课征的法人均摊税；另一部分是对法人所得采用比例税率课征的所得均摊税。法人均摊税的标准税额按资本金额和员工人数确定，如表3-3所示。

表3-3　　　　　　2019年法人居民税均摊课税部分税率

资本金等金额	职工人数	均摊部分（万日元）
50亿日元以上	超过50人	380
50亿日元以上	不足50人	121
10亿~50亿日元	超过50人	229
10亿~50亿日元	不足50人	95
1亿~10亿日元	超过50人	53
1亿~10亿日元	不足50人	29
0.1亿~1亿日元	超过50人	20
0.1亿~1亿日元	不足50人	18
0.1亿日元以下	超过50人	14
0.1亿日元以下	不足50人	7

资料来源：日本财务省网站，http://www.mof.go.jp/。

所得均摊税的计税依据是法人应缴纳的未进行税收抵免前的法人税。都道府县所得均摊税的标准税率为3.2%，市町村的为9.7%。

法人居民税实行申报纳税制。纳税人必须在会计年度终了后的两个月内，分别向都道府县和市町村税务部门申报，并缴纳税款。

3.2.6 法人事业税

法人事业税属于都道府县税。纳税人为在本都道府县内设有事务所从事营业的法人以及无法人资格但从事营利性经营的社团。计税依据为各经营年度所得额、附加价值额和资本金额。

按法人各经营年度所得额、附加价值额和资本金额分别设定不同的比例税率，具体内容如表3-4、表3-5所示。

表3-4　　2016年4月1日~2019年9月30日法人事业税的标准税率　　单位：%

区分	400万日元以下的部分	超过400万~800万日元的部分	超过800万日元的部分
所得课税法人（资本金1亿日元以下的普通法人、公益法人等）	3.4	5.1	6.7
所得课税法人（特别法人：协同组合等、医疗法人）	3.4	4.6	4.6
收入金额课税法人（电器供给业、保险业、贸易保险业）	0.9	0.9	0.9

资料来源：日本财务省网站，http://www.mof.go.jp/。

表3-5　　2019年10月1日以后法人事业税的标准税率　　单位：%

区分	400万日元以下的部分	超过400万~800万日元的部分	超过800万日元的部分
所得课税法人（资本金1亿日元以下的普通法人、公益法人等）	3.5	5.3	7
所得课税法人（特别法人：协同组合等、医疗法人）	3.5	4.9	4.9
收入金额课税法人（电器供给业、保险业、贸易保险业）	1.0	1.0	1.0

资料来源：日本财务省网站，http://www.mof.go.jp/。

法人事业税的缴纳办法与法人居民税相同。

3.2.7 消费税

1989年开征的消费税是日本税制体系中的主要税种之一。日本的消费税具有消费型增值税性质,是由国税部门统一征收的一般商品和劳务课税,课税范围广泛,三级政府共享。

3.2.7.1 纳税人和课税对象

消费税的纳税人为从事国内商品、劳务等经营和从事进口贸易的个人和法人。消费税的课税对象,原则上包括日本国内所有的商品销售和劳务提供以及进口商品。

经营者将经营资产用于家庭消费、法人将资产赠送给员工等时,要视同销售,缴纳消费税。

3.2.7.2 起征点、非课税经营项目与出口退税

从事国内经营的纳税起征点为年应税销售额1000万日元。进口货物一律缴纳消费税。

非课税经营项目包括:土地的转让与出租;有价证券及支付手段的转让;以获取利息为目的的贷款、信用担保以及以收取保险费为目的的劳务提供等;与国外邮政汇款、转汇以及外汇兑换业务等有关的劳务提供;公共医疗保险制度中的疗养、医疗、休养等;残疾人用品的转让和租赁等;幼儿园、中小学、职业学校等从事的与收取学费、授课费、设施费等有关的劳务提供;住宅的出租等。非课税经营只是对属于非课税的销售额不课税,与其销售额相对应的进项税不能扣除。

出口退税意味着不仅对出口贸易等经营者的销售额不课税,而且对其出口销售额中包含的进项税要实行退税。

3.2.7.3 计税依据

消费税是价外税,消费税的计税依据为不含消费税的销售额。此外,经营者将经营资产用于家庭消费、法人将资产赠送给员工等时,要视同销售,缴纳消费税。其计税依据为按资产的时价计算的资产价格。

3.2.7.4 税率

消费税的标准税率为10%。据日本共同社报道,在2018年10月15日召开的特别内阁会议上,安倍宣布,计划将从2019年10月起,将消费税税率从现行的8%调升至10%。但是有一部分商品仍然保持8%的税率,就是"轻减税率"政策。这类商品主要就是食品饮料、外卖和报纸等生活必需品(在外就餐和酒类除外)。

日本历史上有过三次消费税增税改革。1989年,竹下登内阁正式引入了作为间接税的消费税,税率定在3%。1997年,桥本龙太郎内阁将消费税率由3%提高到5%。2014年4月,安倍内阁将消费税税率由5%提高到8%。原因是日

本老龄化严重，社会保障支出迅速上升，一切都是为了经济复苏和财政健全化。

3.2.7.5 应纳税额的计算

日本的消费税具有消费型增值税性质，其应纳税额的计算方法与增值税的一般计算方法相似，即先按当期销售额（不含税）和适用税率计算出销项税额，然后将当期准予抵扣的进项税额进行抵扣。计算公式如下：

应纳消费税税额 = 当期销项消费税额 − 当期进项消费税额

当期销项消费税额 = 当期不含税销售额 × 税率

3.2.7.6 申报缴纳

消费税实行申报纳税制度。业者必须在纳税年度（个体业者的纳税年度为自然年度，法人的纳税年度与其会计年度一致，一般为4月1日至下年的3月31日）终结日之后的两个月内，提出确定申报并缴纳税款。

3.2.8 遗产税

日本采用分遗产税制，一般又称为继承税制，是对各继承人取得的遗产份额课税的制度。目前，采用分遗产税制的国家还有法国、德国等。

3.2.8.1 纳税人

遗产税的纳税人是法定继承人，包括：在日本有住所的继承遗产的个人；虽在日本无住所，但继承的遗产在日本国内的个人。

3.2.8.2 课税对象和计税依据

遗产税的课税对象为纳税人继承的有经济价值的全部财产，以及继承人在继承发生的前3年里得到被继承人的生前赠与（其中，职工死亡时一次性获得的退休金以及人寿保险，缴税时要扣除"500万日元×继承人数"）。但是，被继承人的债务和丧葬费可以从遗产总额中扣除。另外，用于慈善、宗教、学术或公益事业的财产为非课税财产。

遗产税的计税依据是纳税人所继承的遗产的评估价值。

3.2.8.3 基础扣除额

遗产税的基础减免额是"3000万日元+600万日元×法定继承人数"。

3.2.8.4 继承人的构成及继承比例

遗产继承人是配偶和子女的情况，配偶者的继承比例是1/2，只有1位子女的继承比例是1/2，如果子女的人数是3人，每位子女的继承比例是1/2÷3 =

1/6；遗产继承人是配偶和直系父母的情况，配偶者的继承比例是 2/3，父母都健在的话每一位的继承比例是 1/3÷2＝1/6；遗产继承人是配偶和兄弟姐妹的情况，配偶者的继承比例是 3/4，如果兄弟姐妹的人数是 2 人，每位的继承比例是 1/4÷2＝1/8。

3.2.8.5 税率

日本遗产税税率实行 10%～55% 的超额累进税率，如表 3-6 所示。

表 3-6　　　　　　　　　　日本遗产税税率

各法定继承人的取得金额	税率（%）	扣除额（日元）
不超过 1000 万日元的部分	10	—
1000 万～3000 万日元的部分	15	50 万日元
3000 万～5000 万日元的部分	20	200 万日元
5000 万～1 亿日元的部分	30	700 万日元
1 亿～2 亿日元的部分	40	1700 万日元
2 亿～3 亿日元的部分	45	2700 万日元
3 亿～6 亿日元的部分	50	4200 万日元
6 亿日元以上的部分	55	7200 万日元

资料来源：日本财务省网站，http：//www.mof.go.jp/。

3.2.8.6 税收抵免

日本遗产税的税收抵免包括：赠与税抵免；配偶抵免；未成年人抵免和残疾人抵免；外国税收抵免等。

3.2.8.7 申报缴纳

纳税人需在被继承人死亡后的 10 个月内向被继承人死亡时住所所在地的税务部门申报纳税。一笔遗产的所有继承人必须用同一份申报书申报，并同时纳税。

3.2.9 赠与税

赠与税的纳税人是因赠与取得财产的个人。法人因赠与取得财产的，征收法人税。赠与税的征税客体，是因赠与取得的财产。这里的财产包含可以成为财产权的对象的一切物、权利。

赠与税的基础扣除额为 110 万日元。

赠与税的税率适用 10%～55% 的超额累进税率。

下列行为不属于赠与税的课税范围：夫妇及双亲与子女间，因负担生活费、教育费等而进行的赠与；社交方面相应的礼品赠与等；对宗教、慈善机构、学术团体等公益事业的一定额度的财产赠与；以特别残疾人为受益人的一定金额以内的信托。

赠与税实行申报纳税制度。被赠与人应在接受应税财产赠与的下年度2月1日~3月15日之间，向当地税务部门申报纳税。

扩展阅读3-1

日本调高遗产税或导致富人移民潮出现

新加坡联合早报网27日报道称，日本为应对老龄化社会的养老负担，准备在2016年调高遗产税，这一举措让身家亿万的日本富翁感到焦虑。

日本媒体26日报道，一些富豪为此策划移民，预计在这一新税务出台以前，日本可能出现富人移民潮。

据报道，踏入老龄化社会的日本在社保方面的负担一年比一年重。为弥补这方面的财源不足，日本政府敲定明年在提升消费税的同时，也要把目前定在50%的遗产税率上调到55%。在先进国家当中，日本的遗产税税率是最高的，其次为法国（45%）、美国（40%）和德国（30%）。日本税务专家向媒体透露，日本拥有数亿财产的人如今都在为遗产税将调高而发愁，因为他们不愿意把一半以上财产交出来。

一名80岁的日本老太太就因拥有一块约33亿日元土地而烦恼。她心疼财产划分后，一对子女就得变卖这块土地，然后缴付至少18亿日元现金的遗产税。《日本经济新闻》报道，一些日本富豪为了避免被抽重税，都设法找法律漏洞。另一些则准备移民，把资产转移到国外。一名拥有10亿日元身家的56岁日本专业人士，就因为不满这一税务政策而决定移居。他说："这么高的遗产税让人难以忍受，我已在吉隆坡买一栋8000万日元的豪宅，准备和妻子搬离日本。"

移居到不征遗产税国家。日经指出，近年移居海外的日本富豪有增无减，绝大部分选择不征收遗产税的地方，如马来西亚、新加坡、中国香港地区，以及新西兰。近10年，移居这四地的日本富裕层为1.4万人，比10年前多了2倍。报道分析，遗产税的一个目的是为了缩小贫富悬殊，这种"劫富济贫"之策也有助于舒缓日本因社会老龄化而导致的财务负担。

然而，征收过高的税却可能引起反效果，甚至促使富裕人士离开，进而导致日本国内消费市场萎缩。2012年，法国也曾宣布对有100万欧元资产的国民征收75%的重税，结果导致富裕人士群起抗议，这项措施因此出台不到2年就废除。据报道，日本当局目前正密切关注日本富裕阶层的外流现象，而为了围堵"人财"外流，日本政府本月开始推行一种被称为"出国税"的税制，向拥有1亿日元以上金融资产的日本离境者实施抽税。

资料来源：外媒. 日本调高遗产税或导致富人移民潮出现［EB/OL］. 新华网，http：//www.xinhuanet.com//world/2015-07/27/c_128062693.htm，2015-07-27.

3.2.10 固定资产税

固定资产税为市町村税，是以法人以及个人持有的固定资产（土地、房屋以及折旧资产）为征税客体的税，其税收是市町村政府的主要收入来源之一。

3.2.10.1 纳税人

固定资产税的纳税人为固定资产的所有者，具体是指每年1月1日在固定资产台账上作为所有者而登记的个人和法人。

3.2.10.2 课税对象

固定资产税的课税对象是固定资产，包括土地、房屋和折旧资产。政府所有的固定资产以及公共道路、学校校舍等为非课税对象。

3.2.10.3 计税依据

固定资产税的计税依据为固定资产课税台账中登记的固定资产的金额。固定资产课税台账原则上用时价来计算固定资产的价值，为简化课税事务，土地和房屋的价格一定3年不变，折旧资产则必须每年确定其作为计税依据的价值额。

市町村政府每年2月底前必须确定并登记固定资产的价格和价值，其后3月1~20日为所有者查阅固定资产台账期，如果对台账记载的内容不服，可于3月20日之后的10日内向市町村固定资产评估审查委员会申请审查，委员会必须尽快给予答复，对该答复仍不服则可起诉。

3.2.10.4 起征点、减免税

固定资产税的起征点按课税对象分别设定，土地为30万日元，房屋为20万日元，折旧资产为150万日元。

对住宅用地减免税措施的规定：住宅用地200平方米以下的部分称为"小规模住宅用地"按课税标准额度的1/6计算；200平方米以上的部分称为"一般住宅用地"按课税标准额度的1/3计算。但是土地上的建筑面积不能超过土地面积的10倍。

3.2.10.5 税率

固定资产税的税率是1.4%。

3.2.10.6 申报缴纳

固定资产税实行普遍征收方式，即纳税人按市町村税务部门的纳税通知，去市町村政府税务部门的窗口缴纳税款，每年分四次（一般为4月、7月、12月和下个日历年的2月）缴纳。

3.3 日本的税收征收管理

3.3.1 税收征管机构及其职责

日本称财政部为财务省，日本国税的税政和征收由财务省负责。国税的税政机构是财务省的主税局和关税局；国税的征收机构是财务省的国税厅和海关。日本地方税的税政与税收征管工作由自治省以及地方政府负责。自治省是管理地方事务的中央政府机构，地方税的税政和地方税征管的指导监督工作由自治省内设的税务局承担。

3.3.2 税收征收管理制度

3.3.2.1 纳税方式

日本的纳税方式有申报纳税、稽征纳税、源泉征收、特别征收（委托方便的人代征）、贴印花缴纳等。

蓝色申报制度是指对采用比一般记账水平高的会计制度记账，并按该账正确申报收入与税额的纳税人，使用蓝色申报书，同时提供各种税收优惠。目前，98%的法人税纳税人实行了蓝色申报。

3.3.2.2 征管程序

（1）更正制度

实行申报纳税的个人所得税、法人税、消费税等，原则上以纳税人提交的纳税申报书为准确定应纳税额。但是，如果纳税人的申报与税务局的调查不符，则必须进行更正，并征收滞纳金和附带税。

（2）申报书公布制度

为了加强公众对纳税人的监督和对高额纳税者的宣传，对个人所得税、法人税、遗产税等超过一定规模的纳税人的申报书，按规定方式公布。日本每年公布个人所得税和法人税的前100名纳税大户。

3.3.2.3 税务检查

（1）纳税评估

在日本的税务管理中，纳税评估居重要地位，是税务部门进一步采取税务约谈、税务调查、税务稽查的主要依据。日本的纳税评估环节和稽查环节界限清晰、职责分明，前者侧重税源管理，后者侧重执法打击。

日本的税务部门及税务署的主要征税部门设有专门的岗位并配备有专门人员对纳税人的纳税申报信息与税务机关掌握信息的比对结果进行综合分析与评估。如果发现有疑点则交由其他专门人员进行税务约谈和税务调查，对情节严重和案情重大的，则交由稽查部门进行处置。与自行核算、自行申报、自行纳税的征管模式相对应，日本的纳税评估以案头审计为主，以对纳税人申报纳税的真实性为评估核心，以偷漏税行为频发行业及"不当申报"企业为重点评估对象。对于企业法人，主要选取申报亏损、无经营、返还消费税的企业，以及集团企业、关联企业和有海外交易的企业。特别是申报亏损或破产后有申报清算合并、存在巨额呆账或有房地产交易的企业更是纳税评估的重点。对于个人，选取对象侧重于个体经营者、有不动产转让所得或申报继承税的个人。

（2）税务稽查

通常来说，每3～5年进行一次企业税务稽查。检查人员会通过实地检查、询问等方式对纳税人账簿、记账凭证等涉税信息资料进行检查，并检查电子信息系统等，检查纳税人是否依法诚实纳税，有无偷逃税款现象。

（3）税务审计

通常税务审计是指税务机关依法对纳税人、扣缴义务人履行纳税义务、扣缴义务情况所进行的税务稽查和处理工作的总称。因此，请参照以上税务稽查相关内容。

3.3.2.4 违规处罚

加算税是对申报纳税的纳税人的过少申报、不申报或不缴纳等行为而征收的，是具有制裁性质的附带税。加算税包括下面四种：

①过少申报加算税，是对在法定纳税期内提交了申报，或者提交了退税申报，或者提交了延期申请书而未按延期规定申报的纳税人，按修正申报或更正的应补缴税额的一定比例征收加算税；

②无申报加算税，是对在法定申报期内不进行申报，按税务部门的决定补缴税时征收的附带税；

③不纳付加算税，它与滞纳税有同等性质，但是不纳付加算税是专门针对源泉征税中的特别纳税人的。

④重加算税，是对上述三种加算税的加重，主要是针对在申报中存在有意隐藏或作假行为时的加重处理。

扩展阅读 3-2

旅游经济向好 日本各地向游客征税

日本旅游经济一片向好，各地开始向游客征税：北海道著名滑雪旅游胜地二世古地区，将向使用该地区所有住宿设施的旅客征收住宿税；2018 年 10 月起，京都市跟进东京、大阪等旅游热点城市，开始收取住宿税。此外，2019 年 1 月 7 日起，从日本出国的旅客，须付 1000 日元的出国税。不仅如此，外国游客喜爱的泡汤相关费用也上涨，九州大分县的知名别府温泉 40 年来首次调整泡汤税。

当地时间 12 月 13 日，北海道著名滑雪旅游胜地二世古地区所在的俱知安町议会，通过一项条例，决定向使用该地区酒店、旅馆、民宿等所有住宿设施的旅客征收住宿税，收费标准为住宿费的 2%。俱知安町计划从 2019 年 11 月起正式实施这一条例。

2017 财年，二世古地区的住宿旅客达 127 万人次，其中有约 43 万人次为外国游客。预计新住宿税制度每年将为该地区新增约 2.6 亿至 3.1 亿日元的税收。俱知安町计划将新增税收用于当地公共交通建设、景区基础设施改善等用途。俱知安町将是日本首个引入固定比例住宿税制度的地区。

从 2018 年 10 月 1 日开始，京都跟进东京、大阪开始收取住宿税，住宿税为一人一晚住宿的金额而定，根据房价不同，收取的税金也不同：每人每晚住宿费未满 2 万日元，收取住宿税 200 日元；2 万日元以上至 49999 日元，收取住宿税 500 日元；住宿费 5 万日元以上，则每人收取 1000 日元的住宿税。

此外，日本政府在 2018 年 4 月通过《国际观光旅客税法》，确定从 2019 年 1 月 7 日开始，从日本出国的旅客，无论是日本本国人还是外国旅客，在机票、船票价格内都会包含 1000 日元的出国税。但有三种人不需要付出国税，包括机组人员、转机旅客，以及未满 2 岁的儿童。出国税是日本政府为了开辟财源，用来向海外推广日本旅游信息，并改善观光设施资源，以实现 2020 年能达成访日外国旅客 4000 万人的目标。

不仅如此，外国游客喜爱的泡汤相关费用也上涨，九州大分县的知名别府温泉 40 年来首次调整泡汤税。2018 年 3 月起，每人每晚住宿费 1.6 万日元以下，征收 150 日元；1.6 万~5 万日元，征收 250 日元；一晚超过 5 万日元者，征收 500 日元。

资料来源：日本中文导报. 旅游经济向好 日本各地向游客征税 [EB/OL]. 中国新闻网, https://www.chinanews.com/m/hr/2018/12-17/8704279.shtml, 2018-12-17.

思考题

1. 日本消费税的主要内容及其增税改革的动因。
2. 日本个人居民税和个人事业税如何计征？
3. 日本遗产税与美国联邦遗产税的征税模式有何不同？

第4章 英国税制

英国位于欧洲西部，由大不列颠岛（包括英格兰、苏格兰、威尔士）、爱尔兰岛东北部和一些小岛组成。面积24.41万平方公里（包括内陆水域），人口6644万（2018年）。英国是欧盟中能源资源最丰富的国家，主要有煤、石油、天然气、核能和水力等。英国是世界上第五大经济体，欧盟内第二大经济体，仅次于德国（2018年）。私有企业是英国经济的主体，占国内生产总值的60%以上，服务业占国内生产总值的3/4，制造业只占1/10左右。生物制药、航空和国防是英国工业研发的重点，也是英国最具创新力和竞争力的行业。2018年国内生产总值为2.03万亿英镑，人均GDP为30750英镑[①]。英国实行内阁制，由君主任命在议会中占多数席位的政党领袖出任首相并组阁，向议会负责。全国分为英格兰、威尔士、苏格兰和北爱尔兰四部分。

4.1 英国税收制度概述

4.1.1 英国税收管理体制

4.1.1.1 税收管理权限的划分

英国的税收立法权由中央掌握，税收立法由财政部向议会提出财政法案，经议会讨论通过后，还需要王室的同意才能够生效。中央政府还有一整套对地方税收进行控制的办法，地方只对属于本级政府的地方税才享有征收权及适当的税率调整权和减免权等，但这些权限要受到中央的限制。

4.1.1.2 税收收入的归属和使用

英国是实行中央集权制的国家，税收收入高度集中于中央。英国税收分为国税和地方税。国税由中央政府掌握，占全国税收收入的90%左右，是中央财政

---

① 外交部：英国国家概况［ED/OL］. 外交部网站，2019 – 08，https://www.fmprc.gov.cn/web/gjhdq_676201/gj_676203/oz_678770/1206_679906/1206x0_679908/.

最主要的来源。地方财政主要的财源是中央对地方的财政补助。

4.1.2 英国的税制体系结构及其特点

英国的税制体系由一系列的直接税和间接税组成。从结构上看，以税种划分，个人所得税、国民保险税和增值税是英国税制体系中的主体税种，三税收入占整个政府公共财政收入的一半以上。

英国的税制体系比较完善，具有以下特点：首先，税收法制完善。英国的主要税种都由法律做出规定，议会法典确定税收的基本原则，法院负责法典的解释，并规定税制的细节。英国税务海关总署（HM revenue & customs）通过发表各种相关说明和通知文件来解释具体的实施办法。英国的税法主要由成文法和个案法两部分构成。成文法是每年根据财政大臣3月或4月提交的预算法案由财政法令予以补充，因此其税收立法不断完善，具有很强的适用性和有效性。个案法是在法院判决的成千上万的税收案件的过程中逐渐形成的，也是税法的重要组成部分。成文法主要解决普遍性和原则性的税收问题，而个案法则用于解决具有特殊性的税收问题。二者相辅相成，形成了完备的税收法律制度。其次，英国具有先进的信息化管税体系，不断优化的纳税环境，为纳税人提供良好的纳税服务。英国的税收制度被世界银行评为欧洲十大经济体中最利于企业发展的税收制度。

4.2 英国主要税种的征收制度

4.2.1 个人所得税

4.2.1.1 纳税人

纳税人分为居民纳税人和非居民纳税人。凡一个征税年度内在英国居住满6个月者为英国居民，否则为非居民。

4.2.1.2 课税对象

英国个人所得税对居民就其来源于国内外的一切所得征税；对非居民仅就其来源于英国的所得征税。

4.2.1.3 计税依据

英国个人所得税的计税依据是应税所得。应税所得是指所得税分类表规定的各种源泉所得，各自扣除允许扣除的必要费用后，加以汇总，再统一扣除生计费用后的余额。允许扣除的生计费用包括：基础扣除、抚养扣除、劳动所得扣除、老年人扣除、病残者扣除、寡妇扣除和捐款扣除等。这些扣除项目的金额，按法律规定，每年随物价指数进行调整。

4.2.1.4 减免项目

免税项目。2019~2020年纳税年度的个人免税额为1.25万英镑。免税项目还包括个人储蓄账户和国家储蓄券、国家福利、政府有奖债券和彩票、不超过4250英镑的房租。

减免项目。它主要包括养老金、慈善捐赠、抚养费、个体经营者的生产经营费用等。

4.2.1.5 税率

英国的个人所得税实行累进税率，如表4-1所示。

表4-1　英国个人所得税税率（2019年4月6日~2020年4月5日）　　单位：%

级别（band）	应纳税所得额	税率
个人免税额	不超过1.25万英镑的部分	0
基本税率	1.25万~5万英镑的部分	20
较高税率	5万~15万英镑的部分	40
附加税率	超过15万英镑的部分	45

资料来源：英国政府网站，www.gov.uk/。

4.2.1.6 申报缴纳

英国个人所得税大多采用源泉扣缴课征方式。近年来，英国个人所得税除仍对工薪、利息所得采取源泉扣缴外，其他应税所得已经在推广采用自行评估与计税的纳税申报方式。采用该申报方式，各类纳税人均可很方便地上网查询和填写电子版纳税申报表。

4.2.2　公司所得税

4.2.2.1 纳税人

英国公司所得税的纳税人包括：有限责任公司，外国公司在英国的分支机构或办事处，社团、联营的或其他非公司制社团等社区团体或体育俱乐部。

英国公司所得税的纳税人的判定以在英国是否有住所为标准。凡是在英国有住所的公司为居民公司。凡是在英国无住所的公司为非居民公司。

4.2.2.2 课税对象

英国对居民公司就其世界范围的利润收入课税；对非居民公司，仅就其分支机构或代理人在从事经营活动或在英国处理财产所取得的收入课税。

英国税法规定，公司所得税的课税对象包括以各种名义和方式从事业务经营活动所取得的所得和资本利得。应税利润包括：经营收入、投资收入、转让财产收入。

4.2.2.3 税率

英国公司所得税实行比例税率，2019年纳税年度的税率为19%，税率一年一定。

4.2.2.4 应纳税所得额的计算

英国的公司所得税按照每个财政年度（由4月6日起至次年4月5日止）规定的税率征收，但公司所得税的应纳税所得额并不是根据财政年度确定，而是按照公司的事业年度的所得计算征收。应纳税所得额以"会计利润"为基础，是根据税法的规定经过调整后的利润。

4.2.2.5 税收减免

购买机器、设备、办公车辆等投资的税收减免；研发收入、专利发明收入、从事有创造性的产业（戏剧、电影、电视、动画、电子游戏）所取得的利润可以申请税收减免。

4.2.2.6 申报缴纳

英国公司所得税一般按会计年度纳税。纳税期限为会计年度结束后9个月内纳税。过期未纳税则征收滞纳金，如缴纳的税款超过应纳税款，也需支付利息，即使亏损或零收益也要进行纳税申报。

4.2.3 资本利得税

资本利得税是指对出售资本性资产（股票、画、房子等）取得的收入征收的一种税。

4.2.3.1 课税对象

课税对象包括：主要住所之外的财产；纳税人的主要住宅（如果用于经营或非常大），国民保险、个人储蓄账户之外的股份，经营性资产等。

4.2.3.2 免税项目

给配偶的礼物、慈善捐赠、英国政府金边债券、政府有奖债券打赌或中彩票赢的奖金免税。

资本利得税的免税额为1.13万英镑（信托交易5650英镑）。

另外，企业投资计划（enterprise investment scheme，EIS）：如果用资本利得购买被核准的公司的非上市股票，则可以推迟或减少资本利得税；种子企业投资计划（seed enterprise investment scheme，SEIS）：如果以资本利得再投资小规模创始阶段种子企业，则有一定额度的税收减免。

4.2.3.3 税率

纳税人所适用的资本利得税税率由其应纳税所得额决定。如果纳税人的应纳税所得额适用高税率或附加税，则他的资本利得税税率为28%；如果纳税人的应纳税所得额适用基本税率，则他的资本利得税税率有可能为18%或28%，这要看其资本利得和应纳税所得额是多少。

4.2.3.4 应纳税额的计算

$$应纳税额 = 应税的资本利得 \times 适用税率$$

4.2.4 国民保险税

国民保险税也称社会保险税，是对雇主、雇员以及自雇人士征收的一种税，主要用于社会福利保障支出。

4.2.4.1 纳税人

国民保险税的纳税人为雇主、雇员和自雇人士。

4.2.4.2 国民保险税的类型

英国的国民保险税分四个类型。纳税人所适用的国民保险税类型要根据其雇用状况、收入状况以及国民保险税是否有间断而定。类型1的纳税人为雇员和雇主，类型1A和1B的纳税人为雇主，类型2、类型4的纳税人为自雇人士，类型3的纳税人为自愿缴款人士（雇员或自雇人士）。国民保险税的类型及其纳税人的具体内容如表4-2所示。

表 4-2　　　　　　　　国民保险税的类型及其纳税人

类型（class）	纳税人
类型 1	一星期的收入超过 166 英镑，16 岁以上且没到法定退休年龄的雇员和雇主
类型 1A 或 1B	雇主如果给雇员提供实物福利（expenses and benefits），如公司车和燃油、私人医疗保险、住宿及贷款福利等，雇主就要申报缴纳类型 1A（class 1A）国民保险税；类型 1B 相对于类型 1A 的差别是：雇主与税务局达成了 PAYE 结算协议（PAYE settlement agreements），有了这项协议，雇主对于一些不属于常规的公司福利支出（例如给员工配备公司电话）就可以采取一年报一次税的方式向税务局缴税
类型 2	16 岁以上自雇人士，如果其一年的收入少于 6365 英镑，他不用缴国民保险税（但他可以选择自愿缴款）
类型 3	16 岁以上，自愿缴款——他可以自愿缴款弥补以避免其国民保险记录有缺口
类型 4	一年利润超过 8632 英镑的自雇人士

资料来源：英国政府网站，www.gov.uk/。

4.2.4.3　税率

类型 1、类型 2、类型 3、类型 4 所适用的国民保险税率如表 4-3～表 4-6 所示。

表 4-3　　　　　　　　类型 1（class 1）的国民保险税率表

每周收入（2018～2019 年）	每周收入（2019～2020 年）	雇员税率（%）	雇主税率（%）
162～892 英镑的部分	166～962 英镑的部分	12	13.8
超过 892 英镑的部分	超过 962 英镑的部分	2	13.8

注意：类型 1 中的纳税人如果是已婚妇女和寡妇适用低税率 5.85%。
资料来源：英国政府网站，www.gov.uk/。

依据表 4-3 所示，2018～2019 年度类型 1A 和类型 1B 国民保险税率均为 13.8%。

表 4-4　　　　　　类型 2（class 2）的国民保险税率表　　　　　　单位：英镑

年份	2019～2020	2018～2019	2017～2018	2016～2017
小额利润起征点/每年	6365	6205	6025	5965
周税率（定额税率）	3	2.95	2.85	2.8

资料来源：英国政府网站，www.gov.uk/。

表4-5 类型3（class 3）的国民保险税率（自愿缴款） 单位：英镑

年份	2019~2020	2018~2019	2017~2018	2016~2017
周税率	15	14.65	14.25	14.10

资料来源：英国政府网站，www.gov.uk/。

表4-6 类型4（class 4）的国民保险税率

年利润（2019~2020）	年利润（2018~2019）	年利润（2017~2018）	税率（%）
不超过8632英镑的部分	不超过8424英镑的部分	不超过8164英镑的部分	0
8632~5万英镑的部分	8424~5万英镑的部分	8164~5万英镑的部分	9
超过5万英镑以上的部分	超过5万英镑以上的部分	5万英镑以上的部分	2

资料来源：英国政府网站，www.gov.uk/。

4.2.4.4 国民保险税的抵免

如果纳税人的国民保险税有间断，他的退休金将受到影响。国民保险税的抵免能帮助其弥补缺口，保障收益。

如果纳税人生病了不能工作或正在照顾某人，不能支付国民保险税，那么他可以得到国民保险税的抵免；如果纳税人不工作或得不到抵免，他也可以通过自愿缴款来填补缺口。

另外，在2019~2020年纳税年度，如果纳税人每星期的收入在118~166英镑，为了保护其国民保险记录，将被视同为已缴税款。

4.2.4.5 申报缴纳

雇员的国民保险税一般由雇主代扣代缴。一般情况下，雇主必须使用PAYE（pay as you earn）税务系统，在支付员工薪水前，扣除并缴纳国民保险税。如果是自雇人士，则可以根据利润情况选择国民保险类型2或类型4。大多数人通过自我评估系统来缴纳，也可以向英国海关税务总署申请核对国民保险缴款情况，如果纳税人认为多缴税款，可以申请税收返还。

4.2.5 增值税

增值税于1972年通过财政法案引进，1973年4月1日生效。最新的统一法案包括与增值税相关的立法是1994年增值税法令。一般而言，增值税是对在英国提供用于经营的商品和劳务征税。

4.2.5.1 纳税人

增值税的纳税人为提供应税商品或劳务的纳税登记人，包括个人、合伙企业、公司、社团或俱乐部。

4.2.5.2 登记限额

经营者年应纳税营业额低于规定登记限额的,不作为纳税人登记,但如果经营者愿意登记增值税也是允许的。2018年增值税的登记限额上升为8.5万英镑。

4.2.5.3 征税范围

增值税的征税范围为在英国境内销售的应税商品或劳务以及进口商品。

4.2.5.4 税率

英国的增值税税率分为:标准税率20%、低税率5%和零税率,见表4-7。

表4-7　　　　　　　英国商品和劳务的增值税税率(2018年)

类别	税率(%)	适用范围
标准税率	20	大多数商品和劳务
低税率	5	一些商品和服务,例如,儿童汽车座椅;家用的电、煤气、燃料油、固体燃料等家用能源
零税率	0	例如,大多数食品、儿童服装、出口到欧盟境外的商品等适用零税率,但是酒精饮料、糖果、薯片、热的外卖、开胃的零食、运动饮料、冰激凌、矿泉水等却适用标准税率

资料来源:英国政府网站,www.gov.uk/。

另外,邮票、金融服务或财产交易等是免税的。

4.2.5.5 应纳税额的计算

应纳税额=当期销项税额-当期进项税额(多退少补),即纳税人在一个纳税期间可抵扣的进项税额超过了销项税额,可申请退税。

4.2.5.6 进项税

通常,对于购买的商品和劳务用于经营的可以从销项税额中进行抵扣,非营业目的的购进则不允许抵扣。

4.2.5.7 纳税申报

英国增值税按季度申报缴纳。

4.2.6 消费税

英国现行的消费税主要包括烟税、酒税、燃油税、博彩和游艺税等。

消费税是从量计征，征收税率每年按照通货膨胀率来调整，以确保其实际价值。

4.2.7 遗产税

4.2.7.1 纳税人

通常是遗嘱执行人（不止一人）或者遗产管理人。

4.2.7.2 课税对象

英国的遗产税实行总遗产税制，以被继承人死亡后遗留的财产总额为征税对象。对于死前转移或赠与别人的资产，尤其是死前 7 年内转移的，政府认为也应该计算在清算遗产的范围之内。

英国居民纳税人在全世界的资产都适用于英国遗产税法规。非居民只有在英国本土境内的资产才被征收遗产税。

4.2.7.3 免税项目

遗产税的免税额为 32.5 万英镑。如果是直系继承人，像是孩子、孙子（包括领养、寄养和继子），继承的是家里的"主要住房"（main residence），就可以享有"额外豁免" 15 万英镑，遗产税总免税额可达 47.5 万英镑。

除了以上提到的，以下几种情况英国税务海关总署也给予每年一些免遗产税的额度：日常花销中的赠与不产生遗产税；赡养费和教育抚养费不产生遗产税；将遗产留给自己的配偶或民事伴侣、慈善事业、社区业余体育俱乐部免税；每人每年有 3000 镑年度免遗产税赠与额度，赠与 250 镑以下的礼物是免遗产税，结婚时子女可以接受 5000 镑的免遗产税的婚嫁礼物等。

4.2.7.4 税率

遗产税的税率为 40%。如果 10% 或以上的遗产用于慈善，税率则可降为 36%。

4.2.7.5 纳税期限

遗产执行人或者管理人一般在被继承人死后 6 个月内须缴纳遗产税。超过期限须支付利息。对有些要花10年的时间才可以转让的财产和股票,遗产执行人或管理人可以采用分期付款来支付遗产税,信托遗产的纳税期限是不同的。

4.2.8 英国其他税收

4.2.8.1 气候变化税(climate change levy)

为了实现从1990~2010年20年间二氧化碳排放量减少20%的目标,英国政府从2001年4月开始对工商业使用的电、煤、天然气、石油液化气等开征不同税率的气候变化税。英国的气候变化税税率如表4-8所示。

表4-8　　　　英国气候变化税税率(2018年4月1日起)

应税商品	单位	税率(欧元)
电	每千瓦小时	0.00583
天然气	每千瓦小时	0.00203
液化石油气	每千克	0.01304
其他应税商品	每千克	0.01591

资料来源:英国政府网站,http://www.gov.uk/。

4.2.8.2 垃圾处理税(landfill tax)

从1996年10月开始,英国政府开征了垃圾处理税,目的在于保护环境。

垃圾处理税一般有两种税率:不会腐烂和污染土地的惰性垃圾,适用低税率为每吨2.80英镑(从2018年4月1日起);其他废弃物垃圾,适用标准税率为每吨88.95英镑(从2018年4月1日起),如表4-9所示。

表4-9　　　　英国的垃圾处理税(landfill tax)

日期的变化	标准税率(英镑/吨)	低税率(英镑/吨)
2014年4月1日	80	2.50
2015年4月1日	82.60	2.60
2016年4月1日	84.40	2.65
2017年4月1日	86.10	2.70
2018年4月1日	88.95	2.80

资料来源:英国政府网站,http://www.gov.uk/。

扩展阅读 4-1

买咖啡可能得自带杯子了　英国议员呼吁征收"拿铁税"

据英国广播公司报道,英国环境审计委员会的一份报告建议,通过税收来改善英国的回收和再处理设施。即对一次性咖啡杯征收 25 便士的"拿铁税",并且到 2023 年前,如果无法实现全部回收,应该完全禁止一次性纸杯的使用。

环境审计委员会主席玛丽·克雷格(Mary Creagh)议员说,英国每年扔掉 25 亿个一次性咖啡杯,这个数量足以环绕地球五圈半,而对此几乎没有任何的回收利用,咖啡杯的生产商和经销商都没有采取行动来纠正这种情况。英国的咖啡店市场还在迅速扩张,我们需要启动一个回收革命。

但是这个建议受到了纸杯厂商的反对。纸杯联盟的麦克·特纳(Mike Turner)说,纸杯是外带饮料最可持续和安全的解决方案。厂家也在致力于提高回收利用率。征税并不会解决乱扔垃圾的问题,反而可能伤害消费者,影响已经颇有压力的商业街店铺。

建议征税的议员表示,虽然一些咖啡店为自带杯子的顾客提供折扣,但只有 1%~2% 的咖啡饮用者会积极回应。依据以往对塑料袋收费成功的经验,对消费者而言,强制性的征收费用可能比奖励措施更加管用。

业内人士表示,一次性咖啡杯在技术上是可回收利用的,但目前大多数无法实现的原因是因为英国只有三个可以将纸杯和塑料部件分开回收利用的设备。

征收"拿铁税"的建议受到环保人士的欢迎。英国绿色和平组织的菲奥娜·尼科尔斯(Fiona Nicholls)表示问题已经越来越严重。

英国咖啡协会的人士虽然对报告提出的问题表示欢迎,但认为征税并不是解决方案。费用很有可能转嫁到消费者身上,这是不公平的。行业应该继续关注其他环境问题,如减少用水量,减少碳排放,将废弃的咖啡渣转化为生物燃料等。

资料来源:瀏译. 买咖啡可能得自带杯子了　英国议员呼吁征收"拿铁税"[EB/OL]. 人民网, http://world.people.com.cn/n1/2018/0108/c1002-29751324.html, 2018-01-08.

4.2.8.3　土地印花税(stamp duty land tax)

在英国购买房屋,除了学生公寓等特殊房产无须缴纳外,一般性房产和土地在购买时必须向政府缴纳印花税,其数额由房产或土地的成交价格而定,实行超额累进制的印花税制度。

(1)住宅

①第一次买房,买的是自住房,且房子房价在 50 万英镑以内,土地印花税税率如表 4-10 所示。

2017 年 11 月,财相哈蒙德宣布:首次购房者购买低于 30 万英镑房产时将免除所有印花税；购买不超过 50 万英镑房产者，将免除 30 万英镑房价部分的印花税，其中 30 万英镑及以下部分是免税的，30 万～50 万镑税率为 5%。

表 4-10　　　　第一套住宅（房价在 50 万英镑以内）印花税税率

第一套自住房，价格在 50 万英镑以内	印花税率（%）
不超过 30 万英镑的部分	0
30 万～50 万英镑的部分	5

资料来源：英国政府网站，http://www.gov.uk/。

②第一次买房，买的是自住房，房子房价在 50 万英镑以上，土地印花税税率如表 4-11 所示。

表 4-11　　　　英国住宅的印花税税率（适用于第一套房）

第一套自住房，价格在 50 万英镑以上	印花税率（%）
不超过 12.5 万英镑的部分	0
12.5 万～25 万英镑的部分	2
25 万～92.5 万英镑的部分	5
92.5 万～150 万英镑的部分	10
超过 150 万英镑的部分	12

资料来源：英国政府网站，http://www.gov.uk/。

例如，如果你花 57 万英镑购买一套自住房，你应缴纳的土地印花税计算如下：12.5 万×0+（25 万-12.5 万）×2%+（5.7 万-2.5 万）×5%=1.85（万英镑）。

③2016 年 4 月起，英国正式执行针对第二套房产或投资出租房产（buy-to-let）征收额外 3% 印花税政策。印花税税率如表 4-12 所示。

表 4-12　　　　英国住宅的印花税税率（适用于第二套房）

房价（第二套房/购房出租）	税率（%）
不超过 12.5 万英镑的部分	3
12.5 万～25 万英镑的部分	5
25 万～92.5 万英镑的部分	8
92.5 万～150 万英镑的部分	13
超过 150 万英镑的部分	15

资料来源：英国政府网站，http://www.gov.uk/。

(2) 非住宅、混合用房地产

非住宅包括：商业不动产，如商店、办公室；农业用地；森林；其他非住宅用地和房产；一次交易购买 6 个或以上住宅；具有住宅和非住宅成分的混合用房产，如医生的外科诊所或办公室。

当你购买的非住宅或者混合用房地产价格在 15 万英镑或以上，你要按房地产全额缴纳土地印花税。土地印花税税率如表 4 – 13 所示。

表 4 – 13　　　　　　非住宅、混合用房地产的印花税税率

房价	税率（%）
不超过 15 万英镑，自由保有或租赁房屋的每年租金低于 1000 英镑的部分	0
不超过 15 万英镑，租赁房屋的每年租金为 1000 英镑或以上的部分	1
15 万 ~ 25 万英镑的部分	1
25 万 ~ 50 万英镑的部分	3
超过 50 万英镑的部分	4

资料来源：英国政府网站，http：www.gov.uk/。

买家必须在买房交易完成的 30 天内交付印花税，也就是从"交易完成日"开始算起的 30 天内，英国税局必须收到买家所缴的印花税。买家如果没有在规定的期限内缴付印花税的话，将可能面临罚款或被酌收利息。另外，期限的最后一天是要以"钱进到税局账户为准"，而不是以买家转账的时间为准。所以买家应该预留时间，提前完成缴付印花税的手续。买家缴付印花税的到期日如果是刚好碰上了节假日或周末（如银行假），期限就被倒推至提前的工作日。

4.2.8.4　家庭税

家庭税是一种地方税，是一种以房产为基础的税收，从 1993 年 4 月开始征收，地方政府可以自行决定税率。

4.2.8.5　市政物业税

1993 年 4 月 1 日，英国地方政府开征市政税，市政税属于财产税类，是英国唯一由地方政府负责征收并自由支配的税种。在英国，所有的房产每年都要向所在地方政府上缴市政物业税，用来支付地方政府公共服务设施的费用，如区内图书馆、学校、交通、垃圾回收、环卫等。

根据物业总价的不同，市政物业税的额度也不同。在房产成交后，购房者有责任联系当地政府，获得所购房产的市政物业税的额度和缴纳方式。通常情况下，英国的市政物业税额每年在 900 ~ 3000 英镑之间。

在很多情况下，房主可以申请减免市政物业税：房客全部为全日制学生的，

可以向政府申请免缴市政物业税；大多数出租房的市政物业税由房客承担；如果房子没有被出租，但并不是房主的主要居住地，房主可申请减免物业税；只有一个成年人居住的房产可以申请减免市政物业税25%；对有两处以上住房，居住者中只有一位是成年人的，可以享受住房价值额50%的折扣。这个减免比例根据房主所在区域市政厅政策来定，如果符合条件，最高减免可达100%。

4.3 英国的税收征收管理

4.3.1 税收管理机构及职责

4.3.1.1 税务系统机构设置

英国税务海关总署（HMRC）是英国政府的非部长制政府部门之一，由英国税务局及海关于2005年4月18日正式合并成立，通过财政部长向议会报告，受财政部监督管理。他拥有5.6万名全职员工，下设估价办公室和审裁办公室两大主要机构，在全国设有170个办事处。

4.3.1.2 税务管理机构职责

英国税务海关总署主要负责税收政策的执行和落实，英国财政部主要负责战略性税收政策和相关政策的制定，这种安排决策被称为"政策合作伙伴关系"。英国税务海关总署和财政部通过政策设计及执行来提供有效的税收政策，达成政府的目标。

英国税务海关总署具体职责包括税收的征收与管理、起草立法规章（需要国会通过）、事项的决策及评估等。英国税务海关总署拥有广泛的权力确保纳税人及时缴纳所有的税款（包括检查文件及系统的权利）。此外，英国税务海关总署还负责国家贸易统计、国民保险金、税收抵免、儿童津贴、国家最低工资标准执行、助学贷款还款的追征等工作。

4.3.2 税收征收管理制度

4.3.2.1 税务登记

在进行税务登记之前，须到"企业注册署"（companies house）进行登记。在网上注册公司时，需要提供以下信息：企业的注册号、企业经营开始日期、企业的年度财务报表日期。税务机关在企业完成注册后的几天内将十位数字的公司代码（UTR）邮寄到公司登记地址。

4.3.2.2 申报缴纳

纳税人必须在规定期限内申报缴纳税款，否则将受到相应的处罚。目前，除了工资薪金由雇主代扣代缴税款外，个人所得税推广采用自行评估与计税的纳税申报方式。采用该申报方式，各类纳税人均可很方便地上网查询和填写电子版纳税申报表。

4.3.2.3 税务检查

税务机关一般采取实地检查或约谈方式进行税务检查，对纳税人的账务、纳税申报表等涉税资料进行检查。

检查之后，税务机关将以书面形式告知企业检查结果，少缴税款的将被要求在30天内补税，同时企业需支付从应纳税之日起的相应利息及罚款。

如果企业对税务机关检查决定不服的，可以进行上诉。

4.3.2.4 处罚

纳税人应按税法规定按期、如实地申报缴纳税款，如有违反税法规定将会受到罚款、罚息等处罚。例如，企业须在登记后的3个月内完成税务登记。如果未在规定时间内登记，将面临罚款；企业如果不保存财务和会计资料将会被处以3000英镑的罚款或者企业执行官将被免职等。

扩展阅读 4-2

英国宣布 2020 年将对科技巨头征收 2% "数字服务税"

据外媒（TechCrunch）报道，英国政府计划对亚马逊、谷歌和苹果等科技巨头征收"数字服务税"，征税范围包括它们通过广告和流媒体娱乐（但不包括在线销售）等数字服务在英国赚取的收入，税率为2%。

英国财政大臣菲利普·哈蒙德（Philip Hammond）在宣布2018年预算计划时，公布了这项新的税收计划，它将于2020年4月生效。哈蒙德表示，根据这些科技公司目前的收入，英国政府预计每年可新征4亿欧元（约合5.12亿美元）税收。

哈蒙德在英国议会表示："若想跟上数字经济的前进步伐，游戏规则必须现在就予以改进。提供搜索引擎、社交媒体和在线市场的数字平台已经改变了我们的生活、我们的社会以及我们的经济，而且大多是朝着更好的方向发展。但它们也对我们税收体系的可持续性和公平性构成了真正的挑战，这些规则还没有跟上步伐。"

哈蒙德补充说："英国一直在带头进行国际企业税法改革，但进展缓慢得令人痛苦。我们不能没完没了地谈下去，所以我们现在决定引入一项数字服务税。"他接着表示，该税的"目标范围很窄"，针对的也是特定模式。哈蒙德说："这不是对通过互联网订购的商品征收网上销售税，因为后者最终将转嫁到用户头上。而数字服务税将由利润丰厚的公司支付，它们每年在全球的收入至少为 5 亿欧元（约合 6.4 亿美元）。"

英国财政部指出，需要明确的是，英国政府希望大公司（而不是初创企业）"承担税收负担"。这项新税法代表着企业缴税方式的转变：到目前为止，大科技公司都是按照所获利润纳税的，但这其中存在着很大的问题，因为公司报告利润的方式各有不同，而且在很多情况下，即使数字服务的购买发生在英国，它们也没有相关记录。与此同时，亚马逊和苹果等公司是世界上规模最大的公司之一，近年来增长迅猛，因为人们纷纷通过它们购买产品。

哈蒙德还展示了一幅有趣的未来图景，包括英国在脱离欧盟和围绕其存在的更广泛税法之后，打算如何获得更多收入。哈蒙德指出，英国目前正与 G20 和经合组织（OECD）合作，考虑如何向数字公司征税，如果这些谈判达成协议，英国可能会考虑接受这些组织的做法，而不是推出自己的税收计划。哈蒙德说："这表明我们对这项改革是认真的，这些全球巨头应该缴纳合理的税率。"

然而，许多人批评此项税率依然过低，称 4 亿欧元和 2% 的税率对这些科技巨头来说就如九牛一毛。这些公司是世界上最赚钱、资金最雄厚的公司，亚马逊和苹果两家公司的市值甚至达到 1 万亿美元规模。此外，英国的税收问题已经被讨论了多年，因此这可能只是英国税收改革的开始。

资料来源：英国宣布 2020 年将对科技巨头征收 2%"数字服务税"[EB/OL]. 网易科技，http://tech.163.com/18/1030/07/DVBMHPB800097U7R.html，2018-10-30.

思考题

1. 简述英国的税收管理体制及其特点。
2. 简述英国国民保险税的主要内容。
3. 英国气候变化税和垃圾处理税是如何征收的？它对完善我国环境保护税有何借鉴意义？

第 5 章 德 国 税 制

德国位于欧洲中部，东邻波兰、捷克，南毗奥地利、瑞士，西界荷兰、比利时、卢森堡、法国，北接丹麦，濒临北海和波罗的海。面积 357376 平方公里，人口 8298 万。德国是自然资源较为贫乏的国家，除硬煤、褐煤和盐的储量丰富之外，在原料供应和能源方面很大程度上依赖进口，约 2/3 的初级能源需进口。德国是高度发达的工业国，汽车和机械制造、化工、电气等部门是支柱产业。德国经济总量位居欧洲首位，世界第四。2018 年德国国内生产总值为 33882 亿欧元，人均 GDP 为 40883 欧元[①]。德国实行议会民主制下的总理负责制。行政区划分为联邦、州、市镇三级，共有 16 个州，13175 个市镇。

5.1 德国税收制度概述

5.1.1 德国税收管理体制

德国是联邦制国家，其行政管理体制分联邦、州和地方三级。联邦政府拥有绝大部分税收立法权，地方政府拥有收益权和征税权。地方政府可以在联邦政府规定的税率范围内确定地方税收税率。德国实行联邦、州和地方三级课税制度，即将全部税收划分为共享税和专享税两大类。共享税为联邦、州、地方三级政府或其中两级政府共有，并按一定规则和比例在各级政府之间进行分成。专享税则分别划归联邦、州或地方政府作为其专有收入。个人所得税、公司所得税、资本收益税、增值税、营业税属于共享税。矿物油税、电税、保险税、烟草税、烧酒税、咖啡税、汽酒税、葡萄酒与酒精饮料税属于联邦政府税。遗产税、机动车税、地产购置税、啤酒税、博彩税等属于州政府税。地产税、狗税、饮料税、娱乐税、渔猎税等属于地方政府税。

---

① 外交部：德国国家概况 [ED/OL]. 外交部网站，2019 – 04，https：//www. fmprc. gov. cn/web/gjhdq_676201/gj_676203/yz_676205/1206_676836/1206x0_676838/.

5.1.2 德国税制体系和结构

德国中央政府与地方政府实行分税制,是一种共享税与专享税相结合,并以共享税为主的分税制。目前,德国各级政府共征收 30 多种税。尽管税目繁多,但重点却十分突出:主体税种是所得税和增值税,二者分别占德税收总额的约三成和四成,其余各种税的总和约占 30%。

5.2 德国主要税种的征收制度

5.2.1 个人所得税

5.2.1.1 纳税人

德国个人所得税纳税人分为居民个人和非居民个人。在德国有永久性住所或者在一个公历年度内在德国至少连续居住 6 个月的个人被视为居民个人。居民个人需就其来源于德国境内、境外的全部所得纳税。非居民个人只就其来源于德国境内的所得纳税。

5.2.1.2 征税对象

居民个人就以下七种所得缴纳个人所得税:
① 农林业所得;
② 工商业所得;
③ 自由职业者劳务所得;
④ 受雇所得;
⑤ 资本投资所得(如利息和股息所得);
⑥ 不动产或者其他有形财产的出租收入和特许权使用费;
⑦ 其他所得(如退休金收入)。

5.2.1.3 应纳税所得额的确定

根据上述 7 种居民所得分类,不同类型的所得计算方式不同,个人所得税的应纳税所得额等于应税收入减去各项扣除。

农林业所得、工商业所得、自由职业者劳务所得用经营年末的和前一经营年末的净值差额(净值比较)来计算应纳税所得。

经营性费用可以扣除，主要包括：雇主从事经营活动的贷款、利息设备、人工费用、材料费用和广告费用等；雇员为取得工作收入而发生的不能从雇主处取得补偿的必要费用。

受雇所得、资本投资所得（如利息和股息所得）、不动产或者其他有形财产的出租收入和特许权使用费、其他所得（如退休金收入）采用净所得法来计算（毛所得减去相关费用）。

（1）免税项目

下列所得可以免税：健康保险、意外事故保险、残障和老年保险的赔偿金；一定数量的社会分配资金；法定养老保险的一次性给付；从事研究活动、科学或艺术教育和培训方面的奖学金。

（2）减免项目

2018年开始，基础免税额：单身人士为9000欧元，合并评估交税的夫妻为1.8万欧元。

原则上，对每个受抚养儿童或纳税人适用两项一次性扣除：

①子女扣除：每年每个小孩2394欧元（合并评估交税的夫妻为4788欧元）；

②保育、培养和教育扣除：每年每个小孩1320欧元（合并评估交税的夫妻为2640欧元）。

（3）可以扣除的其他费用

①儿童保育服务成本的2/3，每个孩子最高4000欧元，要求子女生活在父母家庭里，且年龄14岁或更小（某些残障儿童年龄限制到25岁）。2012年1月1日前，扣除仅当配偶双方均在工作、教育、残疾或生病时适用。

②纳税人第一次专业教育或第一次学业（例如学校和大学学费、手册和住宿开支）的费用，每公历年最高额6000欧元。对合并评估交税的夫妻或民事合伙人，每人6000欧元额度。

③离婚或独居的配偶抚养费最高13805欧元，假如该款项被视为接受者的所得征税。配偶双方作为居民必须负无限税收义务，或者接受方配偶必须生活在且是欧盟成员国的公民。

④支付位于欧盟和欧共体成员国的私立学校和补习学校的每年学费的30%（最高5000欧元）可以税前扣除。

⑤受抚养孩子的培养费用，如果孩子满18岁以上且离家生活（某些情况下放宽到25岁），可以享受子女津贴或子女税收抵免待遇，最高扣除额是924欧元。

⑥家政服务费用最高624欧元，如果纳税人或者他或她的配偶满60岁或以上，或者服务的必需条件是因为纳税人或者他或她的配偶生病或者一个受抚养小孩住在家里（在某些情况下）；如果其中一个人是残疾的，最高金额为924欧元。

⑦用于投资个人基本养老保险的支出可以申请抵扣当年的纳税收入，从而免交个人所得税。从2018年1月1日开始，个人投资基本养老保险的免税额度大

幅提高，单身人士每年最高可以将23712欧元此类保险费用用于抵扣个人所得税收入，已婚家庭的免税上限为47424欧元。个人投资基本养老保险的费用包括缴纳国家法定养老保险的全年费用加上个人额外购买基础养老保险所交纳的年费总额。

5.2.1.4 税率

德国个人所得税实行14%~45%的累进税率，单身、已婚夫妇适用不同的税率表，如表5-1、表5-2所示。

表5-1　　　　　　　2018年德国个人所得税税率（适用于单身）

级数	年应纳税所得额	税率（%）
1	不超过9000欧元的部分	0
2	9001~54949欧元的部分	14
3	54950~260532欧元的部分	42
4	260533欧元及以上的部分	45

资料来源：德国联邦财政部网站，http://www.bundesfinanzminisberium.de。

表5-2　　　　　　　2018年德国个人所得税税率（适用于夫妇合报）

级数	年应纳税所得额	税率（%）
1	不超过18000欧元的部分	0
2	18001~109899欧元的部分	14
3	109900~521065欧元的部分	42
4	超过521065欧元的部分	45

资料来源：德国联邦财政部网站，http://www.bundesfinaministerium.de。

5.2.1.5 应纳税额的计算

个人所得税的应纳税额为应纳税所得额乘以适用的税率，再扣除各项税收抵免之后的余额，计算公式如下：

$$应纳税额 = 应纳税所得额 \times 适用税率 - 税收抵免$$

5.2.1.6 申报缴纳

德国个人所得税主要采用"分期预缴、年终汇总核算清缴、多退少补"的办法征收，但对工资、利息、股息和红利等所得则采用预提法进行来源课税。

5.2.2 公司所得税

5.2.2.1 纳税人

德国公司所得税的纳税人包括居民公司和非居民公司。居民公司是指法律注册地或实际管理机构在德国境内的公司。非居民公司是指公司不在德国境内、管理机构也不在德国境内的公司。

对合伙制企业不征收公司所得税,而是对合伙人在分得利润时征收个人所得税。

5.2.2.2 征税对象

居民公司的征税对象是其来源于德国境内、境外的经营所得,利润、利息、股息、分支机构和投资分红等经营所得、资本利得等盈利;非居民公司则仅就其来源于德国境内的全部所得纳税。

德国公司取得来自国外分支机构的股息、红利,应当并入应纳税所得一并征收公司所得税和团结附加税。如果该公司不需要缴纳团结附加税,则其取得的国外公司的利润也不需要缴纳团结附加税。

5.2.2.3 税率

德国公司所得税的税率为15%,加上对应纳公司所得税额征收的5.5%的团结附加税,公司所得税的实际税率为15.83%。

5.2.2.4 应纳税所得额的确定

应纳税所得额是居民公司取得的来源于全球的几乎所有形式的收入,减去按税法规定允许扣除的费用、损失等项目后的余额。

企业在本纳税年度正常进行的贸易或经营活动中,支出或计提的必要费用(包括企业经营的现金流成本、利息支出、折旧费用等)允许在税前扣除,但有些项目的扣除受到一定限制。

(1)允许扣除的一些项目相关规定

①利息费用。与业务相关的贷款和债务利息一般是可以扣除的,然而利息扣除受以下条件限制:给股东或者关联公司的贷款利率,不能超过类似贷款的市场利率;从2008年1月1日起净利息费用的税务扣除上限为息税折旧及摊销前利润的30%。

②特许权使用费。对于使用专利、版权、商业或工业专有技术和类似的无形资产的特许权使用费,一般都可以扣除。支付给股东或其分支机构的超额专利使用费,被视为不可扣除的建设性分红。一方面,总公司和常设机构之间的利息和

特许权使用费是不被认可的。另一方面,付给第三方的利息和特权使用费,可以归属于常设机构,并在其收入中扣除,但常设机构必须和第三方有经济上的联系。

③业务招待费。商务用餐费用只能扣除70%。此外,只有商务用餐费用单独列支,并且有详细的文件表明参与人姓名、用餐规格和日期、用餐地点和目的才允许扣除。

（2）不允许扣除的项目

不允许税前扣除的项目包括：与免税收入或者资本利得直接相关的费用；来自国内和国外股息分红的5%以及来自居民和非居民企业股权的资本收益,与这些免税分红和收益相关的费用；由刑事程序而产生的罚款和其他财务后果；任何与纳税人个人生活相关,或者在商业环境中出现且看起来不合理的费用。

5.2.2.5　应纳税额的计算

公司所得税按照公司每一年度的净所得额乘以适用税率计算。计算公式如下：

$$应纳税额 = 应纳税所得额 \times 适用税率$$

5.2.2.6　申报缴纳

德国公司所得税以公历年为纳税年度。一般期限为纳税年度次年的5月31日。企业要按季度预缴税款,缴款期限在3月、6月、9月、12月的第10日。

5.2.3　增值税

增值税是联邦政府最重要的收入来源。增值税是以商品和劳务在流转过程中产生的增值额作为征税对象而征收的一种流转税。

5.2.3.1　纳税人

德国增值税的纳税人为在德国境内发生应税销售行为和进口货物的单位和个人。纳税人为应税货物、劳务的出售人或者提供人。但是,从事某些特定业务交易的纳税人,例如欧盟内部供货等,增值税的纳税人是购买方而不是销售方。

5.2.3.2　征税范围

德国增值税的征税范围包括在德国境内销售商品、提供服务和进口货物。德国的进口货物主要是指来源于非欧共体国家的货物。

货物、劳务提供者的所在地决定了其经营活动发生地是否在德国境内,但是也有一些例外。例如,不动产的提供地是土地所在地；可移动货物的提供地是该货物所在地；会议、展览、娱乐、培训和教育的提供地是劳务提供地；金融服务、咨询服务、大多数设备租赁、知识产权的使用和广告业,如果收受人是企业家,则是收受人所在地。

非发生在德国境内的货物、劳务提供不属于增值税征税范围。

5.2.3.3 计税基础

增值税的计税基础通常为销售商品或提供服务收到的款项减去增值税本身。计税基础还包括销售货物而从第三方收到的款项,欧共体内部采购商品也是有类似原则。

如果全部价款中包括包装物押金,销货方需按全额缴税,即商品价格和押金价格。当包装物被退回,销货方应在增值税申报表上调整计税基础。无论包装物是否单独收费,征税率都与货物一致。

进口增值税根据海关完税价格计算。关税完税价格中,除了包括对商品征收的税款、关税和其他费用,还包括进口前的搬运费、保险费用、运输费用以及到达第一个欧盟国家的运输费。

5.2.3.4 进项税额抵扣

进项税是纳税人购进经营所需产品和服务而承担的增值税。

只有与应税交易相关的产品和服务缴纳的增值税是可以进行抵扣的。如果一个企业既涉及免税交易,又涉及非免税交易,进项税要分开计算。

银行、保险和金融服务,财产交易,教育与健康服务、燃料、电力、某些非营利活动、房地产的出售和出租等,免征增值税。享受免税优惠的纳税人无权要求从其所发生的其他应税项目的销项税额中抵扣免税货物的进项税额,但是税收鼓励的行业,如从事出口业务的纳税人,虽然自身不需要缴纳增值税,也可以抵扣其进项税款。

当进项税额与德国以外的供货相关时,在德国从事增值税应税项目活动的外国企业所发生的增值税也允许抵扣进项税额。

5.2.3.5 税率

德国增值税税率为:标准税率19%、低税率7%和零税率,见表5-3。

表5-3　　　　　　　　　　增值税税率

类别	适用范围
标准税率19%	大多数商品和服务
低税率7%	活禽;出版书籍;牙科类、假体、艺术收藏品;戏剧、音乐会、博物馆、马戏团、动物园门票

续表

类别	适用范围
零税率	主要适用于出口货物和欧盟内部贸易。具体包括：共同体内商品销售；商品出口；入境加工复出口的有形动产；增值税仓储政策的商品和服务；与出口及跨境运输服务相关的中介服务；海运及空运服务；跨境运输服务；向中央银行供应黄金；联邦铁路公司销售的货物；在国外和国内港间运行的船只上提供的餐饮和服务；销售给在德国的北约部队及其他成员国的商品；向欧盟以外提供银行、金融及保险服务

资料来源：德国联邦财政部网站，http://www.bundesfinanzministerium.de。

5.2.3.6 应纳税额的计算

增值税的一般计算方法是先按当期销售额和适用税率计算出销项税额，然后将当期准予抵扣的进项税额进行抵扣，从而间接计算出当期增值额部分的应纳税额。计算公式如下：

应纳税额 = 当期销项税额 - 当期准予抵扣的进项税额

5.2.3.7 申报缴纳

通常情况下，增值税按季度预申报。如果纳税人上年度增值税应纳税额超过7500欧元，需按月申报。如果纳税人上年度增值税应纳税额不超过1000欧元，可免于进行增值税预申报，仅需做年度申报。

税务部门为纳税人提供免费的申报软件，纳税人应在所属期下一年度的3月31日前在网上进行年度申报。并在申报期结束后10天内向税务机关缴纳税款。纳税人没有按时缴纳税款，将被加收罚款。另外，纳税人少缴或多退的增值税将被收取利息。

另外，亚马逊平台的跨境电商向德国销售商品，德国强制性要求电商提供VAT的税号，按月申报以及年报，共计13次，每年的免征额为10万欧元。

5.2.4 附加税

德国附加税主要指所得税附加，包括团结互助税和教会税两种。

德国于1991年开始征收团结互助税，目的是支付1990年两德统一后带来的财政支出和加快东部地区建设。原计划为临时税收，1993年曾一度废止，后于1995年恢复。团结互助税是个人所得税和公司所得税的附加税，适用5.5%的税率，计税依据为个人所得税或公司所得税的应纳税额。

教会税是个人所得税的附加税，税率一般为8%~9%，可在所得税中扣除。

德国教会税的纳税人为罗马天主教会和基督新教的信徒，这两个教会的信众约占德国总人口的70%。在德国，教会税不属于联邦税、州税、地方税与共享税，而是独立于他们之外的一种特殊税种，由雇主代扣并代缴到财政部门，后者收到税款后直接拨给教会，教会税的收益和支配主体为教会。德国教会税每年大约可达七八十亿欧元。

扩展阅读 5-1

德国取消东西德团结税 高收入阶层仍需全额支付

在持续数月的争论之后，德国联邦内阁终于在2019年8月21日通过了联邦财政部长奥拉夫·肖尔茨（Olaf Scholz）（社民党）的提案。肖尔茨提出，绝大部分纳税人从2021年开始无须再向联邦政府缴纳团结税（solidarittszuschlag）。此前，德国联盟党也曾提出彻底取消团结税。

据了解，团结税占公司所得税和个人所得税查定金额的5.5%。去年，联邦政府征收的团结税总额达到189亿欧元。无论是企业员工还是个体手工业者都必须缴纳这项税款。团结税虽是为支持东德建设而设立，但并未设立任何建设款项，这些税收最终没能投入到德国东部各联邦州的道路建设或其他建设项目中，还是与其他税收一样流入联邦财政预算。

根据肖尔茨的提案，将对90%的纳税人免征团结税，另外的6.5%只需缴纳部分团结税，只有剩下3.5%的纳税人，也就是最高收入阶层，需要继续支付全额团结税。

根据新提案的相关规定，团结税的税额取决于所得税，并且其中还包括各种免税金额。目前，民众只能通过自身的收入水平来预估自己是否需要继续缴纳团结税。

联邦财政部为不同收入的人群做了一个初步的预估：

A. 单身人士：拥有社会保险的单身企业职员，每年税前总收入不超过73874欧元，从2021年开始无须缴纳团结税。税前年收入低于109451欧元者须缴纳部分团结税，税前年收入超过109451欧元者则必须支付全额团结税。

B. 已婚人士：如果夫妻双方只有一方工作，且拥有两个孩子的家庭，如果税前年收入低于151990欧元，则无须缴纳团结费。税前年收入低于221375欧元的家庭须缴纳部分团结税，税前年收入超过221375欧元者则必须支付全额团结税。

C. 个体户：根据财政部门的计算，包括独立手工业者在内，约有88%的个体经商者无须继续缴纳团结税。另外有6.8%的个体户需要缴纳部分税费。

根据Ifo经济研究所发布的数据显示，新提案将为德国人省下1800欧元，其中，有孩子的家庭（双亲只有一方工作）最为受益。

尽管肖尔茨的提案通过了内阁决议，但在大联合政府中仍然存在争议。联盟党担心联邦宪法法院将废除部分提案。经济部部长彼得·阿尔特迈尔（Peter Altmaier）（基民盟）表示，团结税可能要到2026年才会被完全取消。联邦财政部长肖尔茨也在今日表示，他可以肯定，联邦宪法法院不会通过他的提案。

资料来源：林浠. 德国取消东西德团结税　高收入阶层仍需全额支付［EB/OL］. 欧洲时报网，http：//www.oushinet.com/europe/germany/20190822/329066.html，2019-08-22.

5.2.5 遗产税

5.2.5.1 纳税人

德国遗产税的纳税人是遗产继承人，遗产继承人必须向国家缴纳遗产税之后，才成为他所继承的遗产合法所有者。

5.2.5.2 征税对象

从被继承人死后遗留的财产总值中扣除了相关个人债务、丧葬费等费用后，遗产继承人所获之财产净值。

如果子女10年内继续经营父业不卖，免征遗产税。若企业继续由家族成员经营7年时间，则适用的遗产税率为15%。例如宝马、博世（做汽车零配件）、汉高（化学公司），还有许多中小型家族企业都是长期家族控制的。企业寿命在200年以上的，德国有800多家。

5.2.5.3 税率

德国《遗产（赠与）税法》根据被继承人（赠与人）和继承人（受赠与人）的亲属关系，从被继承人（赠与人）角度按照亲属关系远近将纳税人归入三个税率等级。第一等税率包括伴侣、直系子女、直系孙、父母；第二等税率包括直系兄弟姐妹；第三等税率包括所有其他亲戚。适用累进税率，不同的税率等级，适用不同的基本免税额。例如，针对配偶的遗产免税额是50万欧元，针对子女的遗产免税额是40万欧元，同时，配偶间及父母子女间转让私有住宅自住不征税。税率按照其等级及遗赠财产价值大小在7%~50%之间。

5.2.6 营业税

营业税又称为企业工商税，其法律依据是德国的《营业税法》（GewStG）。营业税是由地方政府对企业的营业收入征收的税种，征税基础和企业所得税一样为企业的利润额，而非营业额。

营业税的征收一般分为两个步骤。首先，联邦政府规定了统一的营业税税率指数为 3.5%，即在企业利润额基础上乘以 3.5% 得出企业营业税的税基值。

然后再由各地方政府确定自己辖区内的稽征率（hebesatz der gemeinde），根据地域城市的不同，稽征率一般在 300%~500% 之间浮动，在税务局算出的企业营业税税基值的基础上再乘上地方政府的稽征率，就得出公司最终缴纳的营业税额。

5.2.7　土地税（地产税）

在德国，土地税是市镇地方财政收入的重要来源。德国地方政府每年向在其辖区内的房地产所有者征收土地税。土地税又分对农林业用地征收的"A 类"和对其他用地征收的"B 类"两种，税基是根据评估法确定的房地产价值（该地产价值由各地税务局确定，每 6 年核定一次，与市场价格无关），税率是由德联邦政府制定统一的税率指数，然后由各地方政府自行确定稽征率，二者的乘积即是地产税税率。

农业或林业为目的的土地的税率为 0.6%，独立式（半独立式）住宅的土地税率为 0.26%~0.35%，所有其他的土地（包括商业目的的不动产）税率为 0.35%。土地税的市镇稽征率由各个市镇自行决定。各个市镇可以为"A 类"地产税和"B 类"地产税分别设立稽征率，通常"B 类"地产税的稽征率较高。2016 年汉堡市土地税的城镇稽征率为：A 类 225%，B 类 540%。

在德国，享受土地税豁免的主要是公共用途（不以营利为目的）土地和房产，包括政府拥有的房地产、宗教用途房地产、非营利机构拥有的房地产、医院、学校、学生宿舍、政府拥有的科研用途房地产、军队用途房地产、公园、墓地、公路、铁路等。

每年年初，市政府统一向每一位纳税人寄送土地税估价税单。对于土地税税额不变的纳税人，市政府有权根据其上一年的税额，以公示的方式告知当年应缴税额，政府的公示与寄送的税单具有相同的法律效力。

土地税于公示之日起确定，按季度缴纳，具体日期为 2 月、5 月、8 月和 11 月的 15 日。纳税人可以申请一次性缴纳全年应缴土地税税额，也可以申请在税额公布前提前支付税款，在税额公布后再进行补缴或退还。

对于不按期缴纳土地税的纳税人，市政府有权收取罚金。纳税人可以申请银行自动扣款的服务来避免此类状况。

5.2.8　土地购置税

土地购置税属于特别流转税的一种，其纳税主体为土地转让方与受让方，征税对象为德国境内地产的转让交易，一般以交易价格作为计税依据。全国没有统一缴纳比例，税率根据各州情况有所不同，一般最低为 3.5%，最高可达 7%。在汉堡土地购置税率为 4.5%，柏林为 6%，弗雷兴市和科隆市所在的北威州的土地购置税率为 6.5%。此外，如果一块地产 95% 的所有人在 5 年内发生了变化也需要支付土地购置税，此税通常由买方支付。

5.3 德国的税收征收管理

5.3.1 税务管理机构的设置及其职责

德国政府税务管理机构分为高层、中层和基层三个层次。联邦财政部和各州财政部共同构成德国税务管理的高层机构。联邦财政部主要通过其所属的联邦税务总局履行有关税收规划和管理的职能。联邦财政部和州财政部每年定期召开联席会议，就税收政策、分享比例等问题进行协商，二者无指导或领导关系，系平级机构。

高等税政署是德国税务管理的中层机构，负责辖区内税法和有关征管规定的实施，并就与税收相关的问题在联邦和州政府之间进行协调，其辖区和所在地由联邦和各州协商确定。高等税政署内设分管联邦税和地方税事务的多个部门。管理联邦事务的部门一般包括关税与消费税处、联邦财产处等；管理州事务的有财产税与流转税处、州财产处等。德国现有 18 个高等税政署。

地方税务局是德国税务管理的基层机构，负责管理除关税和由联邦负责的消费税之外的所有税收。企业和个人报税、缴税和申请减免、退税都需要到注册地或居住地的地方税务局办理。

5.3.2 税收征收管理制度

5.3.2.1 纳税申报

纳税年度为公历年度，按照每个公历年度提交申报表，反映企业在该公历年结束时经营业务的财务状况。税务局审核申报后会进行税收评定，原则上申报应在第二年的 5 月 31 日前完成。

对于每月或每季度的雇员薪水、股息、利息、特许权使用费和其他款项的预提所得税申报，以及增值税申报，必须提交电子版。这同样适用于公司所得税、营业税、增值税的年度申报。同时还需要申报配套的财务报表电子版已证明申报表数据的真实。

5.3.2.2 申报缴纳

税款在一年中，按照季度分期缴纳，并在进行过税收评定之后进行最终确定。季度缴纳的税款额是基于最终应纳税额来估计的，通常是上一次评定所确定的到期应纳税款额，再根据任何税率变化进行调整。公司所得税分期缴纳的纳税期限分别是3月、6月、9月和12月的第10天。对于贸易税纳税期限是2月、5月、8月和11月的第15天。

5.3.2.3 评税、行政复议和上诉

纳税人递交的税收申报表一般须由税务机关进行评税审核。调查和评定完成后，税务机关向纳税人发出正式的评税通知书，其内容包括应缴税款金额及法律依据、缴税时间、地点等。

如纳税人对评税通知书的内容持有异议，有权就相关事项提出申诉。纳税人的申诉意见一般须在收到评税通知书的一个月内提出。纳税人在将案件提交税政法院之前，必须先进行行政复议，如对行政复议的裁决仍有异议，才可向法院起诉。

5.3.2.4 税务审计

德国非常依赖税务审计，将其作为确保纳税人守法的手段。德国税务和审计机关可以定期对纳税企业和个人进行全面税务审计，也可以针对特定税种或特定交易进行专项审计。对较大的企业和外国企业集团的当地子公司的审计往往是有规律的，而对小企业的审计是随机进行审计。通常每4~5年进行一次，采用现场实地审查等方式。税务审计包括检查纳税人账簿、纳税记录及相关财务事宜，以便税务局核实纳税人提交的纳税申报表是否符合税法规定。

5.3.2.5 处罚

如果纳税人申报延误，税务机关可以对其处以最高相当于评定税额10%的罚款。对于支付日期已确定的税款，如果未按期支付，则会每月按应缴税额的1%加征滞纳金。

扩展阅读 5-2

德国整顿电子商务：卖家逃税　平台担责

近日，德国政府内阁通过一项法律草案，拟对亚马逊和eBay等电商平台加强税收征管。该草案要求电商平台记录卖家信息和交易数据，承担卖家未缴纳的增值税款，以促进电子商务行业的税法遵从，弥补税收缺口。

外国税制

整治电子商务 剑指境外卖家

据估计,2018年,德国消费者在网上的消费额将达到700亿美元,2022年将超过900亿美元。德国零售协会提供的数据显示,德国电子商务零售额达到530亿欧元,约占社会零售总额的10%。

德国电子商务市场规模以两位数的年均增长率迅猛增长,但在高增长背后却是巨大的税收流失。政府声称,位于德国境外的卖家通过亚马逊和eBay等电商平台在德国产生了销售收入,但他们利用政策漏洞和不合规经营逃避缴纳税款,德国政府每年因此损失税收近10亿欧元。

德国政府发言人德默尔称,该项草案是为了保护诚信经营的企业,扭转他们的竞争劣势,我们不允许电商平台的商家在德国只做生意不纳税,尤其是那些境外卖家,德国税务部门此前是鞭长莫及,但现在要采取措施打击跨境卖家的逃税行为了。

据报道,2018年1月,负责增值税稽查的柏林-新克尔恩区税务局查封了近100个亚马逊平台境外卖家的账号和货物。而本次草案抓住了亚马逊和eBay等电商平台这一关键环节,实质上仍是对境外卖家加强监管,尤其是大量来自中国和美国的境外卖家。

强化平台责任 掌握卖家信息

近年来,德国电子商务领域的增值税欺诈案件频发,税收损失巨大。作为回应,德国政府牵头推动该项草案,对德国增值税法进行重大调整,一是规定了电商平台的职责,二是规定了电商平台的实际纳税义务。按照正常程序,草案有望在年底完成立法程序,于2019年1月1日生效。

草案要求,不论卖家是否为德国居民或企业,电商平台都要记录卖家的所有信息和其在德国境内产生的所有交易数据,具体包括企业卖家的完整名称、经营地址、纳税人识别号或增值税注册登记号、税务登记证的生效和失效日期以及商品的起运地和目的地、交易时间和金额,个人卖家需提供出生日期。

德国财政部认为,要求平台记录卖家信息供税务部门查询核验是合情合理的,主要有两方面原因:一是卖家在电商企业提供的平台上开展了应税交易;二是电商平台基于合法协议,已经掌握了或者很容易获取卖家的有关必要信息。

草案还规定,电商平台的纳税义务为其平台上所有卖家未缴纳的增值税税款。也就是说,只要平台上的卖家逃税,电商平台就要补齐这部分税款。这一规定的目的是促使电商平台对增值税应税交易负起责任,从而保证流转税收入,维护大众利益。然而,如果平台能够向税务局提供证据,证明平台不知道或无法预料到卖家逃税,则平台可免予缴纳相应税款。

除此之外,电商平台还有义务检查卖家是否在德国税务部门申请了增值税注册登记账号。所有卖家都应在当地主管税务部门申请税务登记证,有效期3年。

卖家须保证在商品交付时，其税务登记有效，以便电商平台履行职责。在德国、欧盟和欧盟经济区内没有实体存在的境外卖家必须在德国境内指定收货人。

面对严格监管　电商反应不一

该草案引起了德国电子商务行业的强烈不满，电商协会和游说公司等组织纷纷批评政府的做法。

德国电子商务行业商会副主席特莱尔认为，该草案实属矫枉过正，恐伤及无辜。不仅是境外卖家，德国境内卖家也必须自证清白，向税务部门说明自己是诚实可靠的纳税人。虽然国内企业处于税务部门的监管范围，定期接受检查，新规定的实施仍将增加国内企业的合规成本。

德国数字经济行业游说公司 Bitkom 表示，该项草案将严重阻碍德国电子商务的发展，在方方面面对线上零售产生不利影响，电子商务市场主体将无一幸免。该公司税务专家克里泽称，该项草案的目标不清晰，措施不合理，政府部门的审批流程非常缓慢，零售电商必须等待好几个星期才能获得注册登记。

亚马逊拒绝就该草案发表评论。但在一份声明中，亚马逊表示支持提高税法遵从，并且将对其平台上的卖家提供必要的信息、培训和工具，帮助他们更好地遵从税法。如果德国税务局披露了不遵从税法的卖家，亚马逊将立即关闭其账户。如果第三方机构提交的证据显示卖家逃税，亚马逊将通过新的检查程序核实卖家的账户，如果卖家不能向亚马逊提交有效的增值税账号，其账户也将被关停。

资料来源：于富霞. 德国整顿电子商务：卖家逃税　平台担责 [N/OL]. 中国税务报，2018-08-14，http：//www.ctaxnews.net.cn/amucsite/amuc/ucmember/ucSearch.html.

思考题

1. 简述德国税收管理体制。
2. 简述德国个人所得税的征税模式。
3. 德国团结互助税和教会税是如何计征的？

第6章 澳大利亚税制

澳大利亚位于南太平洋和印度洋之间，由澳大利亚大陆、塔斯马尼亚岛等岛屿和海外领土组成。东濒太平洋的珊瑚海和塔斯曼海，北、西、南三面临印度洋及其边缘海。面积769.2万平方公里，人口2544万（2019年7月）。澳大利亚矿产资源丰富，至少有70余种。其中铅、镍、银、铀、锌、钽的探明经济储量居世界首位。澳大利亚是一个工业化国家，农牧业发达，自然资源丰富，盛产羊、牛、小麦和蔗糖，同时也是世界重要的矿产品生产和出口国。农牧业、采矿业为澳传统产业，制造业和高科技产业发展迅速，服务业已成为国民经济主导产业。2017～2018财年的国内生产总值为1.74万亿澳元，人均GDP约7.3万澳元。澳大利亚实行三权分立的政治制度，立法权、司法权和行政权相互独立、互相制衡。全国划分为6个州和2个地区。①

6.1 澳大利亚税收制度概述

6.1.1 澳大利亚税收管理体制

澳大利亚是一个联邦制的国家，实行联邦、州和地方三级课税制度，税收立法权和征税权主要集中在联邦，联邦税收收入是全国税收收入的最主要部分。联邦税收由个人所得税、公司所得税、商品及服务税、消费税、关税等组成。州、地方政府税收由印花税、工薪税、土地税等组成。澳大利亚的税收征收权主要集中在澳大利亚税务局。

6.1.2 澳大利亚税制体系结构

澳大利亚是高税负国家，税收收入占GDP的比重有时高达30%，2018～2019年进行财政预算时，澳大利亚政府首次将税收限制写入预算案中，政府规

---

① 外交部：澳大利亚国家概况［ED/OL］. 外交部网站，2019-04，https://www.fmprc.gov.cn/web/gjhdq_676201/gj_676203/dyz_681240/1206_681242/1206x0_681244/.

定，税收不超过国内生产总值（GDP）的 23.9%（长期的平均比率在 22.3%），一旦超过比例，未来就会实施减税。澳大利亚的税收收入主要来源于所得税，尤其是个人所得税。联邦政府的税收收入占全部税收收入的比重较大，一般在 60%~70%。

6.2 澳大利亚主要税种的征收制度

6.2.1 个人所得税

6.2.1.1 纳税人

个人所得税纳税人分为居民和非居民。居民纳税人，一般是指在澳大利亚有固定住所的个人（其永久居住地在澳大利亚境外的除外）或一个纳税年度内在澳大利亚停留超过 183 天（其惯常居住地在澳大利亚境外，且无计划在澳大利亚定居的除外）的个人。凡不满足居民纳税人判定标准的纳税人，均为非居民纳税人。

6.2.1.2 征收范围

澳大利亚居民纳税人应就其全球范围内的应税所得（包括净资本利得）缴纳个人所得税。非居民纳税人只就其来源于澳大利亚的应税所得缴纳个人所得税。

（1）应税所得

应税所得主要包括：一般收入（如来源于经营活动、工资、利息或特许权使用费等的收入）和法定收入（如净资本利得等）。收入在取得时应计入该纳税年度的应税收入，大部分纳税人按收付实现制的原则来计算应税收入。

①个人薪资所得：含薪水、工资、加班费及红利等均需申报。但由雇主所提供的低利贷款等各项员工福利则无须申报，不过雇主需针对上述所提供之福利缴交福利税（fringe benefits tax）。

②投资所得：银行存款利息、股票、股利、租赁所得、权利金收入等均需申报。

③经营事业所得：若收入源自个人所经营的事业，信托基金或与人合伙经营的事业，该所得需与个人其他收入一并申报。

④资本利得：凡变卖动产和不动产之所得，不论盈亏均需申报。若有盈余，需在发生年度与其他所得一并申报；若有亏损，可将其移至往后财务年度内与新资本利得盈余相冲销。唯一的例外是：个人所居住的自用住宅可豁免于资本利得的计算，因为根据澳洲税法，这是非投资营利。

(2) 不征税所得

不征税收入（如私人退休金、部分离职赔偿金、分拆股利等）在纳税申报时列为一个单独的收入项目，不计入应纳税所得额且不影响税务亏损的计算，但可能会影响税务抵免和公共医保费的计算（视具体的收入类型而定）。

(3) 免税所得

免税收入包括澳大利亚政府支付的退休金和社会保障金、员工附加福利、奖学金、人身伤亡索赔等，以及在某些情况下的境外受雇收入。在纳税年度内发生的与取得免税收入相关的费用不能在税前扣除。

6.2.1.3 税率

居民纳税人适用的个人所得税税率为超额累进税率，如表6-1所示。

表6-1　居民纳税人的个人所得税税率（2018~2019年和2019~2020年）

全年应纳税所得额	税率（%）
不超过1.82万澳元的部分	0
1.82万澳元~3.7万澳元的部分	19
3.7万~9万澳元的部分	32.5
9万~18万澳元的部分	37
超过18万澳元的部分	45

资料来源：澳大利亚税务局网站，http://www.ato.gov.au/。

6.2.1.4 税前扣除

可在税前列支的扣除项目是个人取得应税收入过程中发生的相关费用。主要包括个人支付的以下费用：

①与受雇直接相关的费用（如往返不同工作地点之间的交通费）；
②与工作相关的费用（如上班需穿戴的制服费）；
③与房产投资相关的贷款利息；
④自雇个人支付的允许扣除的保险费（除人寿保险的保险费外）；
⑤向澳大利亚核准的团体支付的捐赠支出；
⑥税务咨询费用；
⑦与受雇或取得应税收入活动直接相关的教育费用（超过150澳元）；
⑧与受雇或取得其他应税收入活动的相关资产折旧费（小规模纳税人可对价值低于1000澳元的资产在取得当年按其价值一次性在税前扣除）；
⑨与取得应税收入资产相关的利息费用；
⑩受限制的与家庭办公室直接相关的住宅支出等，允许在税前扣除。员工取得由雇主全额报销的费用既不征税也不能在税前扣除。

私人性质的费用（如上下班交通费）、免税收入（或不征税收入）相关的费用、与政府补助款项相关的费用、交际应酬费、罚款、与资本所得相关的费用、贿赂、医疗费用等，不得在税前扣除。

6.2.1.5　税收抵免

税收抵免可用于抵减个人在澳大利亚的应纳个人所得税税额。除私人医疗保险的抵销和完税股息的可抵扣税额外，税收抵免一般不予退税。

澳大利亚主要的税收抵免包括：符合条件的退休人士取得的退休金收入的税收抵免；个人取得的应税社会保障款的税收抵免；部分医疗费用的税收抵免；境外收入税收抵免；边远地区居民和服务于部分海外地区的国防军人的税款返还；低收入税收抵免；私人医疗保险抵免等。

2018~2019财年，工资收入在3.7万澳元以下的低收入人群每年可以减税200澳元；年薪在3.7万~9万澳元的中等收入者，每年可以减税530欧元。

6.2.1.6　应纳税额的计算

$$应纳税额 = 应纳税所得额 \times 适用税率 - 减免税额 - 税收抵免$$

6.2.1.7　申报缴纳

澳大利亚的个人所得税纳税年度为每年7月1日至下一年度6月30日。在每年的7~10月之间，所有在澳大利亚有合法收入的人都应凭雇主的工资结算单向税务部门申报税项并支付税金，与此同时纳税人如符合低收入家庭、多家庭成员赡养、个人小生意等条件的话，可以向税务部门申请退回部分或全部税金。报退税的手续通常可以自己办理，但多数纳税人由于不十分了解有关规则而选择由会计师或税务代理来完成。

6.2.2　企业所得税

澳大利亚的企业所得税适用于公司、有限合伙企业和某些信托企业（企业单位信托和公共交易信托基金）。

6.2.2.1　纳税人

澳大利亚居民企业，是指在澳大利亚注册成立的企业，或虽然不是在澳大利亚成立但在澳大利亚从事经营活动且主要管理机构位于澳大利亚的企业，或其具有控制表决权的股东是澳大利亚居民的企业。

6.2.2.2　征收范围

澳大利亚居民企业需要依据法规，就其全球来源的应税所得申报所得税，包括净资本利得。

6.2.2.3 税率

企业所得税税率为30%。2017～2018财年，年营业收入累计不超过2500万澳元的小型企业减按27.5%缴纳企业所得税。

6.2.2.4 应纳税所得额的确定

一般来说，企业每一纳税年度的收入总额减除不征税收入、免税收入、各项扣除以及允许弥补以前年度亏损后的余额为应纳税所得额。计算公式为：

$$应纳税所得额 = 收入总额 - 不征税收入 - 免税收入 - 各项扣除金额 - 允许弥补的以前年度亏损$$

（1）收入范围

应税收入主要包括一般收入（如来源于经营活动、利息或特许权使用费等的收入）和法定收入（如净资本利得）。一般来说，收入在取得的时候应计入该纳税年度的应税收入，但根据收入的不同类型有不同的纳税时点。

（2）不征税和免税收入

当符合下列情况时，取得的收入不计入应纳税所得额：

①企业符合特定的条件，构成免税纳税人；

②企业取得的收入符合特定的税收优惠条件，属于免税收入，例如非居民企业的境外收入；

③企业取得的收入本身是不征税收入，例如企业属于境外的非投资组合股利。

在计算税务亏损时，免税收入需考虑在内，而不征税收入则不予考虑。

（3）股息收入

一般来说，澳大利亚居民企业需就其从其他居民企业或非居民企业取得的股息缴纳企业所得税。其中，居民企业股东从居民企业取得的股息适用于归属抵免制度（imputation system）。在此制度下，居民企业股东取得股息时，需将其收到的股息以及被投资居民企业已缴纳的所得税款的总金额并入其应纳税所得额，同时允许居民企业股东从应纳税款中抵扣被投资居民企业已缴纳的所得税款。这种方法避免了企业纳税人收到股息的重复征税。

一般情况下，居民企业股东从非居民企业取得的股息不能享受上述已纳税股息中的税款抵扣政策，但可享受适用的税收协定下的境外税收抵免政策。另外，澳大利亚公司从其拥有10%或更多表决权的外国公司取得的股息可享受免税优惠。

（4）资本利得

澳大利亚对资本利得征收企业所得税。澳大利亚的资本利得税适用于1985年9月20日及之后所购置的资产产生的资本利得，其计税基础是处置资产的所得收益扣除该资产的成本基础后的差额。

澳大利亚居民企业一般需就其全球范围内资本利得收益缴纳资本利得税。但是，对澳大利亚居民企业通过出售其至少持有 10% 股权的有实质性经营活动的非居民公司股权所取得的资本利得，不征资本利得税。

（5）费用税前扣除

可在税前列支的扣除项目为经营活动中产生的、与取得应税收入相关的费用支出，主要包括企业在一般经营活动产生的费用、利息支出、与贷款相关的费用（在 5 年内或贷款期内进行摊销）、符合条件的坏账支出、修理费用、折旧/摊销费用、税务申报费用、特许权使用费等。法律法规同时明确了特定项目的费用支出的扣除数额和扣除时间的限制（例如，业务招待费与预付费用的扣除受到一定限制；罚款不能在税前扣除等）。

企业持有的有形资产可选择使用直接成本法（prime-cost method）或价值递减法（diminishing-value method）进行折旧，其折旧年限为税法规定的年限或纳税人自定的年限（在后一种情况下，企业需向税务部门解释与税法规定的年限不一致的原因）。大部分房产建筑物和固定资产使用直接成本法，每年按初始建造成本的 2.5% 进行折旧。不同的无形资产（如专利权、版权、软件等）按不同的年限进行摊销。例如，软件按 2.5 年进行摊销，商誉则不允许摊销。

资本亏损或支出、私人性质的费用、与免税收入（或不征税收入）相关的费用，不能在税前扣除（特殊规定除外）。

（6）股息/利息支出

一般情况下，股息不予在税前扣除，而利息则可在税前列支。企业需根据相关协议上关于债务或权益支付安排的条款，并通过特定的测试标准，以判断该类金融工具在税务角度应被归类为债务还是权益。此外，对个人公司股东的低息贷款和部分资本分配有可能会被视为股息支出。

此外，利息扣除的金额受到资本弱化规定的限制。自 2014 年 7 月 1 日起，一般企业的债权性投资与权益性投资的比例超过 1.5∶1（此为"安全港"比例，金融企业的该比例则为 15∶1）而发生的利息支出，不得在计算应纳税所得额时扣除。除非企业满足以下其中一项条件：①该利息支出总额不超过 200 万澳元；②满足公平交易原则；③债务总额不超过纳税企业 60% 的净资产。满足以上条件的企业则可不受资本弱化规定的限制。

（7）亏损分为经营亏损和资本亏损

经营亏损是指在纳税年度内允许税前扣除的费用超过应税和免税收入的部分，可无限期结转。企业可以选择使用以前年度可弥补的经营亏损抵减当前年度的应纳税所得额，也可以选择不使用亏损，继续向以后年度结转。特定情况下，公司可选择将股息的可抵扣税额转为税务亏损。前一纳税年度的亏损在满足所有权持续性测试或业务同一性测试的情况下可用于抵减未来年度的应纳税所得额。以前年度损失必须先在使用年度抵减免税收入后，再抵减应纳税所得额。除适用合并纳税制的纳税集团内企业外，经营亏损不得在不同企业内相互转移。

企业发生的资本亏损只可用于抵减资本利得，同时可无限期结转，用于抵减日后的资本利得。

6.2.2.5 应纳税额的计算

居民企业应缴纳所得税额等于应纳税所得额乘以适用税率，基本计算公式为：

$$应纳税额 = 应纳税所得额 \times 适用税率 - 减免税额 - 抵免税额$$

6.2.2.6 申报缴纳

澳大利亚的纳税年度通常为每年的7月1日至次年的6月30日。企业需在纳税年度结束之后的第七个月的第15日之前进行企业所得税汇算清缴（例如，公司纳税年度截止日为当年6月30日，则年度纳税申报表应在下一年的1月15日前提交）。

通常情况下，企业纳税人需要在每个季度结束后的21天内预缴税款。预缴税额按上一年度的税额确定。

6.2.3 商品及服务税（goods and services tax）

6.2.3.1 纳税人

在澳大利亚已办理或应办理商品与服务税注册登记的，在境内销售应税商品或提供应税服务，或者进口商品和服务的，为商品及服务税的纳税人。

企业年营业额超过7.5万澳元（非营利机构为15万澳元）的，需办理商品及服务税的注册登记。所有出租车运营者不论年营业额多少，都必须注册。

6.2.3.2 征收范围

纳税人应就其在澳大利亚境内销售或进口的应税商品和服务缴纳商品及服务税。

从2017年7月1日起，澳大利亚税务局开始对进口服务和数字产品征收商品及服务税，服务和数字产品包括在线观看或下载电影、音乐、应用程序、游戏和电子书、赌博服务和包括建筑或法律服务在内的传统服务。

从2018年7月1日起，澳大利亚税务局开始对进口低价值商品征收商品及服务税。该商品及服务税（GST）由电子销售平台代收，再由平台将代收的税款缴纳给澳大利亚政府。低价值商品为价值不高于1000澳元的实物商品（烟草或含酒精饮料除外），包括服装、电子产品和化妆品等。

6.2.3.3 税率

商品及服务税的税率为 10%。另外，一些商品和服务适用零税率，包括：纳税人销售或提供的某些种类食品、医疗服务、教育服务、幼儿服务、出口商品及服务、慈善活动、宗教服务、污水处理服务、涉及非居民的部分交通运输服务、国际邮寄服务、贵金属提炼后的第一手销售等。

6.2.3.4 应纳税额的计算

纳税人销售应税商品或提供应税服务，应纳税额为当期销项税额抵扣当期进项税额后的余额，其计算公式如下：

$$应纳税额 = 当期销项税额 - 当期进项税额$$

其中，销项税额按销售的商品或服务的价款及适用税率计算，进项税额为纳税人购进应税货物或接受应税服务支付或者负担的商品及服务税额。如果当期进项税额大于销项税额，纳税人可以申请退税。

纳税人进口商品或服务，其计税价格包含该进口商品或服务的关税完税价格、境外运输费、相关运输保险费以及关税。

6.2.3.5 免税项目

以下事项不征收销项税：金融服务；住宅租赁；住宅销售（除商业住宅或新住宅外）；通过签署长期租赁合同提供的住宅（除商业住宅或新住宅外）；贵金属销售（除贵金属提炼后的第一手销售）。

为取得以上项目的收入而进行的采购或进口的进项税额不能抵扣。

6.2.3.6 申报缴纳

已办理或被要求办理商品及服务税登记的实体，应进行纳税申报。商品及服务税应税收入超过 2000 万澳元的纳税人应按月申报，申报期限为该月结束后 21 日内；商品及服务税应税收入低于 2000 万澳元则可按季度进行申报，申报期限为该季度结束后下个月 28 日之前。

扩展阅读 6-1

**澳洲 GST 税收收入超预期三倍，
已有 1500 家海外商家和品牌登记**

据外媒报道，澳大利亚政府针对电商平台（如亚马逊和 eBay）征收的 GST 税预计收入将高出预期的 300% 以上。

澳大利亚税务局透露，其 2019 年第一季度从"低价值进口货物"的 GST 计划中收取了8100万澳元（8300万新西兰元）。GST税收要求海外零售商对所有低于1000澳元的商品征收商品及服务税。澳政府曾预测，在新规实施的第一年，将征收7000万美元的商品及服务税。

澳税务局副局长Tim Dyce说，如果接下来的几个季度继续保持这种税收水平，那么全年的税收收入可能远远超过2亿澳元，且零售商对此十分合作。

"所有主流的电商平台都已经注册，我们目前正在跟进其他一小部分平台。虽然他们可能不喜欢这个规定，但基本上都在遵守。"

关于澳洲在线销售产品的税收方案由来已久，澳洲当地的小企业长期以来一直对此持支持态度，因为本土商家被要求征收商品及服务税，但海外电商平台和海外卖家却无须承担。

去年，GST相关规定正式出台，各大平台开始告知海外品牌和卖家，并做好相应准备。

澳洲税务局还对"Netflix税"进行了更新，该税将商品及服务税（GST）适用于来自海外卖家（如Netflix）的数字服务，在其第一年就收取了2.72亿美元，比政府的原有税收模式收入高出约180%。

据悉，通过这两项措施，目前已有1500家商户和品牌进行了登记。

澳洲税务局表示，目前正在跟进近20个全球品牌的低价和优惠商品，但Dyce认为只有少数几个品牌没有按规定收取商品及服务税。

尽管目前大多数平台和海外卖家都已经在GST的税收范围中，但澳洲税务局仍然鼓励本土卖家就任何可疑逃税行为进行举报。此外澳洲税务局的工作人员正在监控澳洲市场的零售空间，以确认新品牌需要注册的时间。

资料来源：郭汇雯. 澳洲GST税收收入超预期三倍，已有1500家海外商家和品牌登记［EB/OL］. 雨果网，https：//www.cifnews.com/article/42573，2019-03-27.

6.2.4 关税

关税是由澳大利亚海关征管的税种，其征收范围是进口或出口的商品（根据货物性质及来源地适用不同类型的关税）。关税的税率根据货物的类别和原产国等而制定，大部分商品的适用税率在0%~5%之间。某些商品如酒精饮品、烟草、纺织品、服装、鞋类适用更高的关税税率。

澳大利亚已和多个国家签订自由贸易协定。中澳自由贸易协定于2015年6月正式签署，2015年12月生效并开始第一次减税。根据协定内容，经过减税过渡期，澳大利亚对中国产品关税已经降为零，中国对澳大利亚绝大多数产品关税已经降为零；在服务领域，彼此向对方作出涵盖众多部门、高质量的开放承诺；在投资领域，双方在协定生效日起相互给予最惠国待遇，同时大幅降低企业投资审查门槛。

一般来说,关税以进口商品的关税完税价格作为计税基础,实行从价征收。应纳税额的计算公式为:

$$关税应纳税额 = 关税完税价格 \times 适用税率$$

6.2.5 消费税

澳大利亚联邦政府对在澳大利亚境内生产制造的酒类产品(葡萄酒除外,下同)、燃料和石油产品、烟草等特殊商品征收消费税。不同的商品适用不同的消费税税率。其中,酒类产品消费税税率按每升酒精含量(LAL)计量,其消费税应税税额是按其酒精含量乘以产品的实际体积来计算的;烟草、燃料和石油产品根据产品类别适用不同税率,计量单位也不相同。上述税率根据澳大利亚消费物价指数(CPI),每年都会进行调整一次或多次。

6.2.6 附加福利税

附加福利税是澳大利亚联邦政府对雇主提供给雇员的各种非货币化附加福利的价值征收的一种税。所有的雇主不论居民或非居民都要缴纳该税。附加福利主要包括:雇主提供给雇员的汽车、无息或低息贷款、食宿、为雇员支付的某些费用、以某种形式提供的娱乐和旅游以及商品和劳务等。计税价值为含税价值。

6.2.7 石油资源租赁税

澳大利亚对从事油气开采的居民企业征收40%的资源税。

6.2.8 高档汽车税

2018~2019年度所有在澳大利亚销售或进口的含商品及服务税总价超过66331澳元(或75526美元以上的燃料节能车)的车辆,不论用途(自用或商用),均需就其含税总价超出上述起征点的部分缴纳33%的高档汽车税。

6.2.9 州和地方税

6.2.9.1 印花税

印花税是各州政府征收的重要税种,各个州政府自行制定印花税条例规定其征收范围、适用税率、豁免项目等。一般而言,印花税主要适用于财产转让交易(如不动产、矿权、某些类型的私人财产、商誉、知识产权、公司股份、信托份额、保险单、车辆等），以转让价格作为计税基础，税率一般在4%~5%。

澳大利亚的印花税主要采用单向征收的政策，例如对于销售土地需征收印花税，但其税率非常高，采用超额累进税率，例如新南威尔士州2017年对于销售土地的印花税分为7个层级超额累进，金额在80001~30万澳元间的土地销售需要缴纳的印花税为：1290澳元加上超过8万澳元的部分，每100澳元需要征收3.5澳元的印花税。

一部分州对非居民购买者征收印花税附加，征税对象涉及直接或间接取得住宅用地。非居民购买者定义、住宅用地定义与附加税率由各州自行制定。从2017年7月1日起，房产印花税新政策：新南威尔士州的房产印花税为4%，海外投资者购买住房须额外支付8%的附加印花税；维多利亚州的房产印花税为5.5%，海外买家须额外支付7%的附加印花税。

6.2.9.2 工薪税

工薪税的课税对象是雇员获得的工资、薪金所得，纳税人是一年中支付雇员的工资、薪金总额超过免税起征点的雇主，工薪税的税率由各州自定，州与州之间不尽相同，税率为5%~7%不等。例如，新南威尔士州的2018年免税起征点为300万澳元，税率为2.5%。

6.2.9.3 土地税

土地税是对拥有的土地进行估价征税，一年一征缴。按持有者在每年的12月31日或6月30日（不同的州规定不同）所持有投资用土地自身的总价值进行核算、缴税，无论这块土地是空置还是上面已经有建筑，征收方为州税局。

(1) 纳税人和征税范围

无论是纳税人自己拥有，或是和别人一起拥有以下这类土地，其都需要按要求缴纳土地税：投资住宅房产；商业房产，例如零售店、商务房和工厂；度假屋；空土地；任何其他非免征土地。而对个人的自住用地和农业用地等，土地税在各个州都是被豁免的。

(2) 计税依据

每年土地评估机构会给出土地在7月1日的评估价（所谓的评估价，就是看看这块土地的市价值多少），作为房产所有者次年计算和缴纳土地税的计税依据。一般而言，土地评估价以该土地最近三年的估价平均数确定。澳大利亚各州会定期（如每三年）对房产进行一次相应评估，并且评估主体并非为澳大利亚的税务局（ATO），而是由政府指定的第三方独立机构进行，以保证评估价格的公正性。如果房产持有者对土地估价持有异议，可以在收到评估通知后的60日内提出。

(3) 税率

除澳大利亚北领地没有土地税外，每个州对"应纳税土地价值"（taxable land value）的征缴幅度和税率是不一样的。而且，相应土地税的起征额也是不一样的。澳大利亚的土地税率是累进的。例如，在新南威尔士州，州政府会给予纳税人一定的免征额，土地税是超额累进的。2018年免征额为62.9万澳元（约合300多万元人民币），免征额和384.6万澳元之间的部分，按1.6%纳税，超过384.6万澳元的部分，按2%纳税。

新州从2017年1月1日起，会对海外买家在现有的土地税政策上，再征收0.75%的土地附加税。

扩展阅读6-2

澳洲正式实行房产空置税政策

《澳大利亚人报》2017年11月16日报道，澳大利亚联邦议会于本周三正式通过了针对海外购房者的房产空置税政策。新政规定，海外购房者所拥有的澳洲本地住宅，如果一年内无人居住的时间超过6个月，且未对外出租的话，将强制缴纳房屋空置税。

联邦财政部长莫里森称，实行房屋空置税政策符合今年5月份联邦政府出台的2017年预算框架，其目的是进一步改善澳洲人租房困难和租金较高的问题，也可以激励海外业主出租旗下房产，缓解当前的楼市供应紧张。维多利亚州是全澳最早开始实行空置税政策的州，对一年中空闲6个月以上的房屋按照其价值征收1%的空置税，这一政策适用于在墨尔本内城区和近郊区购买第二套房产的海外买家。新州今年也宣布开始对海外购房者征收空置税。

联邦统计局（ABS）2016年人口普查数据显示，全澳范围内共有空置房屋108万套，比例高达11.2%，且呈逐渐上升的趋势。未来这一新政策是否能如联邦政府所愿，尚需时间进一步检验。

资料来源：澳洲正式实行房产空置税政策［EB/OL］．中国商务部网站，http：//shangwutousu.mofcom.gov.cn/article/ddgk/zwminzu/c/201711/20171102672199.shtml，2017-11-17，转载自《澳大利亚人报》。

6.3 澳大利亚的税收征收管理

6.3.1 税收管理机构和职责

澳大利亚的联邦、州和地方三级税务机构是相互独立的，相互间没有任何行政关系和业务指导关系。澳大利亚联邦、州和地方是按照工作职能来设置税务机构的。澳大利亚已形成了由税务部门、税务代理机构和纳税人协会组成的三位一体的纳税服务网络。

澳大利亚税收征收权主要集中在联邦税务局。澳大利亚州级税务局在各州设有一个州税务局。按照地方划分，各州在其下属地方财政局设有地税机构。澳大利亚联邦税务局主要负责征收企业所得税、个人所得税、商品与服务税、消费税、附加福利税及其他联邦税，同时也管理澳大利亚商业登记和养老金系统。澳大利亚州级税务局主要负责征收工资税、印花税、土地税费等。州税务局隶属州财务部，其职责为征收州税并上交其征得税款到州级政府。

6.3.2 税收征收管理制度

6.3.2.1 税务登记

澳大利亚在税收征管上的一个显著特点就是建立税务档案号码（简称"税号"）。"税号"对于澳大利亚的公民来说是非常重要的，它是税务当局颁发给澳大利亚公民的一个特别号码。"税号"不仅对澳大利亚的纳税人重要，对其他公民同样重要，关系他们的切身利益。因此，每一个澳大利亚公民都非常自觉向税务当局申请"税号"，这样所有纳税人都纳入了税务当局的税务管理之中，无论是客观上还是主观上，都可以避免"漏征"与"漏管"的现象。

6.3.2.2 纳税申报

澳大利亚的纳税年度通常为每年的7月1日至次年的6月30日。纳税人必须按税法规定纳税期限按时申报缴纳各种税款，否则要支付滞纳金并被罚款，一般采用电子申报和电子支付税款。

6.3.2.3 税务稽查

税务局有充分的权力和自由，出入任何建筑、地点并查阅所有账簿、文件以及其他资料，以执行相关税收法规。税务局可以以书面通知要求任何人做到以下几点：①提供税务局需要的信息；②在税务局质询其本人或其他人的收入或纳税评定之前，能够出席在现场并提交证据；③出示其保管或掌握的所有与其本人或其他人收入或纳税评定相关的账簿、文件和其他资料。

6.3.2.4 违规的处罚

（1）滞纳金

纳税人逾期缴纳税款按照每日复利计算滞纳金（一般滞纳金），利率为13个星期的国债利率再加上7%（例如2017年第二季度的利率为8.78%）。

税务局有权自行决定减免全部或部分罚款，但滞纳金只能在非常特殊的情形下减免。

如果经税务局纳税评定后需增加应纳税额,纳税人需按复利计算缴纳差额滞纳金而不是一般滞纳金。差额滞纳金利率是按低于一般滞纳金利率 4 个百分点确定,从纳税评定日开始计算。税务局有权减免差额滞纳金。

如果纳税人多缴税款,或者成功复议或上诉纳税评定结果的,则税务局在退还多缴税款外,还需按照国债收益率减 4% 的年利率向纳税人支付利息。

(2)罚款

税收罚款会在下列情况下征收:

①纳税人未能递交纳税申报表或未能正确提供任何所要求的资料,需按"基础罚金"计算缴纳应付罚款。每单位基础罚金为 210 澳元,纳税人每延迟缴纳 28 天计一个单位的基础罚金。罚金高低与企业规模相关:小型企业按基础罚金处理,中型企业(例如应税收入或者与商品及服务税对应的营业额在 100 万澳元到 2000 万澳元之间的纳税主体)双倍处罚,大企业(例如应税收入或者与商品及服务税对应的营业额大于 2000 万澳元)5 倍处罚。

②纳税人因疏忽导致少缴税款的,按少缴税款的 25% 缴纳罚款。

③纳税人少缴纳税金金额超过 1 万澳元(或应交所得税的 1%,视两者孰高)且无合理理由,按少缴税款的 25% 缴纳罚款。

④纳税人不按照个案裁定的结果进行纳税申报的,按少缴税款的 25% 缴纳罚款。

⑤纳税人草率处理税务问题或故意无视税务法规导致少缴税款的,分别按少缴税款的 50% 或 75% 缴纳罚款。

⑥纳税人故意隐瞒收入或多抵扣扣除项目的逃税、避税行为,按少缴税款的 50% 缴纳罚款,如果纳税人可提供合理理由,则可降低至 25%。

⑦纳税人未能按照税法要求保留相关记录文档的,需缴纳 20 个单位基础罚金(4200 澳元)。

如果纳税人存在妨碍税务机关调查的行为,罚款金额最多可增加 20%。相反地,如纳税人在税务审计过程中主动向税务局披露少缴税额的,或者在税务局告知纳税人将会进行税务审计之前披露少缴税额的,罚款金额可适当降低,最多可降低 80%。税务局有权全部或部分减免罚款。

思考题

1. 澳大利亚个人所得税的居民纳税人和非居民纳税人是如何划分的?其纳税义务有什么不同?
2. 澳大利亚商品及服务税的征税范围有哪些?
3. 澳大利亚土地税如何计征?

第 7 章 韩 国 税 制

韩国位于亚洲大陆东北部朝鲜半岛南半部，东、南、西三面环海，面积10.329万平方公里，人口约5200万。韩国自然资源匮乏，主要工业原料均依赖进口。1996年加入经济合作与发展组织（OECD），同年成为世界贸易组织（WTO）创始国之一。1997年亚洲金融危机后，韩国经济进入中速增长期。产业以制造业和服务业为主，造船、汽车、电子、钢铁、纺织等产业产量均进入世界前10名。大企业集团在韩国经济中占有十分重要的地位，目前主要大企业集团有三星、现代汽车、SK、LG等。2018年国内生产总值为1.54万亿美元，人均国民收入为3.1万美元[①]。韩国政体实行"三权分立"的原则，行政权属总统，立法权属国会，司法权属于大法院和大检察厅。全国划分为1个特别市、2个特别自治市、8个道和6个广域市。

7.1 韩国税收制度概述

7.1.1 韩国税收管理体制

韩国实行分税制，实行中央、省、市（县）三级课税制度。税收立法权、征收权、管理权主要集中于中央，省、市等地方政府无税收立法权，无权增减税种和变动税率，只保有有限的征管权。韩国的赋负分国税和地方税两大类，其中地方税含省税和市（县）税。其中，国税由国税厅征收，关税由关税厅征收，地方税由地方政府征收。现行国税有14种，包括所得税、法人税、继承税、赠与税、综合不动产税、增值税、个别消费税、酒税、印花税、证券交易税以及关税、交通能源环境税、农渔村特别税和教育税。现行地方税分省税和市（县）税两类。其中省税主要包括购置税、注册许可税、地方消费税、休闲税、地域资源设施税和地方教育税等；市（县）税主要包括汽车税、财产税、地方所得税、居民税、香烟消费税等。

---

① 外交部：韩国国家概况［ED/OL］. 外交部网站，2019 - 08，https：//www.fmprc.gov.cn/web/gjhdq_676201/gj_676203/yz_676205/1206_676524/1206x0_676526/.

7.1.2 韩国税制体系结构

韩国的税收收入 70% 以上来源于国税，国税收入主要来源于个人所得税、增值税和法人税。韩国国税厅《国税统计早期公开》资料显示，2017 年韩国国税收入总额为 265.4 万亿韩元，其中所得税 75.1 万亿韩元，增值税 67.1 万亿韩元，法人税 59.2 万亿韩元，占国税收入总额的比例分别为 28.3%、25.3% 和 22.3%。另据统计，2017 年韩国国税和地税税收总额为 342.9 万亿韩元。

7.2 韩国主要税种的征收制度

7.2.1 法人税

7.2.1.1 纳税人

法人税纳税人分为国内公司和外国公司。凡总部或总公司设在韩国的公司为国内公司，应就其世界范围所得交纳法人税；反之被认定为外国公司，仅就来源于韩国的所得纳税。

7.2.1.2 课税对象

法人税的课税对象包括转让不动产所得在内的一般经营所得的所有项目；清算所得（非营利性质的本国法人和外国法人免税）。

法人税对来源于公益信托财产的所得不征税。

7.2.1.3 应纳税所得额的计算

本国法人取得的来源于世界的几乎所有形式的收入，减去允许税前扣除的费用、损失和其他特定项目后的余额，为应纳税所得额。

（1）收入

收入是指交易中获得的能增加法人资产净值的收入或利润，包括营利性经营活动所得；提供服务收入；资产（包括库存股份）的交易所得；租金收入；股息收入；处置财产收入等。

（2）费用

企业在本纳税年度正常进行的贸易或经营活动中，支出或计提的必要费用允许在税前扣除，主要包括：一是经营活动的现金流成本（包括支付给雇员的薪酬、生产产品期间的要素投入，例如购买生产材料、支付广告费用和租金等）；

二是企业借款的利息支出;三是企业用于购买机器设备、厂房等资本投入的折旧费用。企业当期发生的现金流成本和借款利息支出可以从当期的收入中扣除。对于购买机器设备、厂房等发生的资本性支出,按照权责发生制原则,不允许作为成本从企业当期收入总额中做一次性扣除,可以采取分次计提折旧的方式予以扣除。折旧的方法有直线折旧法和加速折旧法。

(3) 对一些扣除项目的限制和规定

①准备金。退休津贴准备金、坏账准备金、《保险业务法》中规定的债务准备金和应急准备金、保险公司预留的向保险持有人支付的利息准备金在规定限额内可税前扣除。

②捐赠支出。符合规定的捐赠支出可以在规定的限额内扣除。下列公共捐赠不超过应税所得50%的部分可以列作支出,超出部分准予三年内结转扣除,主要包括无偿为政府机关和地方政府提供的捐赠;为国防事业和战争救济提供的捐赠;为灾民提供的救济性捐赠;为公共教育机构(包括海外的韩国学校)提供的捐赠等。

③利息费用。为防止跨国公司通过过度扣除利息费用避税,与海外特殊关联方发生交易的国内公司(包括外国公司的国内经营地),金融保险公司除外,其利息费用的扣除限制:如果利息费用净额占纳税调整后所得额的比例达到一定程度(30%),利息费用超出规定部分不得扣除。在资本弱化制度和利息费用扣除限制之间,应当适用更多不可扣除费用的规定。适用于2019年1月1日及以后的营业年度。

④业务招待费。业务招待费须与经营业务有关,超出下列总和的招待费用不允许计入损失。

a. 1200万韩元(中小规模企业为1800万韩元)×本营业年度中的月份数÷12

b. 本营业年度总收入×表7-1所列比率(如果是与关联方进行交易获得的收入,则应为收入×表7-1所列比率×20%)

表7-1　　　　　　　　　　业务招待费扣除比率

总收入	比率
不超过100亿韩元的部分	0.2%
100亿韩元~500亿韩元的部分	2000万韩元+0.1%×超出100亿韩元的金额
超过500亿韩元的部分	6000万韩元+0.03%×超出500亿韩元的金额

资料来源:韩国国税厅网站,http://nts.go.kr/。

7.2.1.4 税率

法人税税率实行10%~25%的超额累进税率,如表7-2所示。

表 7-2　　　　　法人税税率（2018 年 1 月 1 日以后）　　　　单位：%

全年应纳税所得额	税率
不超过 2 亿韩元的部分	10
2 亿~200 亿韩元的部分	20
200 亿~3000 亿韩元的部分	22
超过 3000 亿韩元的部分	25

资料来源：韩国国税厅网站，http：//nts.go.kr/。

7.2.1.5　应纳税额的计算

用应纳税所得额乘以适用税率，再扣除各项税收抵免的余额为应纳税额，计算公式如下：

$$应纳税额 = 应纳税所得额 \times 适用税率 - 税收抵免$$

7.2.1.6　税收抵免

（1）境外税收抵免

①本国法人在境外已缴或应缴的法人税税额可从境内应缴法人税中扣除，可扣除金额按境外来源所得占应纳税总额的比例计算。如果境外已缴或应缴税款超出了本年应缴法人税规定的可抵免限额，超出的部分准予在 5 年内结转扣除。

②符合标准的子公司在境外缴纳的税款可以从母公司的股息收入中抵免。符合标准的子公司是指境内公司自其发布股息分配公告后连续 6 个月内持有其 10% 以上股份的公司。

（2）灾害损失的税收抵免

本国法人因遭受自然灾害导致其损失 20% 及以上的总资产价值，并因此难以缴纳税款，可以在计算法人税时扣除相应税额，可扣除税额按受损资产价值占总资产价值的比例计算。但可抵免的部分仅限于因灾害引起损失的资产价值。

7.2.2　个人所得税

7.2.2.1　纳税人

个人所得税的纳税人分为居民和非居民。在韩国拥有住所或在韩国居住满 1 年的个人为韩国税收居民，应就其来源于全世界的所得缴纳所得税；非居民则只就其来源于韩国境内的所得缴纳所得税。

7.2.2.2　征收范围

居民个人就其来源于全球的所得征税。非居民个人仅就其来源于韩国的所得征税。韩国个人所得税的应税所得既有综合所得也有分类所得。

综合所得。它包括经营所得、工薪所得、养老金所得和其他所得，加总一并按照累进税率征税。利息、股息合计超过4000万韩元的部分并入综合所得征税。目前，利益和股息按14%的税率缴纳预提税。

退休金所得和资本利得（指出售股票、债券、土地建筑物或其权利等的净所得）实行单独税率分项征收。

7.2.2.3 应纳税所得额的计算

纳税人取得的不同类型的收入，即综合所得、退休金所得、资本利得，应分别计算税基。综合所得的总额减去各项扣除项目后的余额为应纳税所得额。退休金所得和资本利得作为单独的所得项目分类征税。

在计算应纳税所得额时，税法对工薪所得、养老金所得、退休金所得规定了扣除的比例。

工资薪金等所得为所得总额扣除表7-3所列的扣除额后的余额。工资薪金的扣除额如表7-3所示（按日计酬的工人每天工资10万韩元）。

表7-3   工资薪金扣除额

工资薪金等收入	扣除额
不超过500万韩元的部分	工资薪金的80%
500万~1500万韩元的部分	400万韩元+超过500万韩元部分的50%
1500万~3000万韩元的部分	900万韩元+超过1500万韩元部分的15%
3000万~4500万韩元的部分	1125万韩元+超过3000万韩元部分的10%
超过4500万韩元的部分	1275万韩元+超过4500万韩元部分的5%

资料来源：韩国国税厅网站，http://nts.go.kr/。

综合所得主要减免项目包括以下几项。

（1）基础扣除

居民可以按照家庭人数（包括居民纳税人、年收入不足100万韩元的配偶、与纳税人在同一家庭生活的年收入不足100万韩元的亲属），每人每年可扣除150万韩元。

（2）额外减免

包括：对于70岁以上的老人以及需抚养未满六岁的小孩的纳税人可以额外扣除100万韩元；总统令中所规定的残疾人可以每年额外扣除200万韩元；有需要供养的家属或有配偶的女户主家庭可以每年额外扣除50万韩元；直系后代以及在相关纳税年度期间申报领养的儿童可以每年额外扣除200万韩元。

(3) 追加减免

一个有工薪所得或经营所得的居民,如果抚养两个或两个以上的孩子符合基本减免条件,可以从其综合所得中扣除100万韩元,自第三个孩子开始每个孩子再额外扣除200万韩元。

(4) 特别减免

工薪所得者可以在纳税年度期间从其工薪所得中扣除下列金额:①支付的保险费用扣除限额为100万韩元,该限额不适用于支付的医疗保险费用;②专门为残疾人支付的保险费用扣除限额为100万韩元;③超过工薪所得3%的医疗费用,扣除限额为700万韩元,这个扣除限额不适用于为纳税人自身、残疾人家属和老年人支付的康复费用;④受雇纳税人的国内教育费用,包括纳税人为其符合基本减免条件的配偶或直系后代支付的相关费用;⑤残疾人的特殊教育费用没有扣除限额;⑥时限超过15年的抵押贷款,如果70%及以上的借款支付的是固定利息,或者70%及以上的借款分期偿还没有延期,每年可扣除利息的限额为1500万韩元;⑦符合条件的捐赠支出等。

此外,纳税人如果没有申请上述扣除,或者其综合所得没有工薪所得的,可以选择按年度减免标准扣除,即每年扣除60万韩元(工薪纳税人为100万韩元)。

7.2.2.4 税率

综合所得实行综合累进征收,退休金所得、资本利得则实行单独税率分项征收。综合所得适用的超额累进税率如表7-4所示。

表7-4 2019年个人综合所得适用税率 单位:%

全年应纳税所得额	税率
不超过1200万韩元的部分	6
1200万~4600万韩元的部分	15
4600万~8800万韩元的部分	24
8800万~1.5亿韩元的部分	35
1.5亿~3亿韩元的部分	38
3亿~5亿韩元的部分	40
超过5亿韩元的部分	42

资料来源:韩国国税厅网站,http://nts.go.kr/。

7.2.2.5 申报缴纳

个人所得税按年申报,纳税申报的主要方式为电子申报。年度申报期限为次年的5月1~31日。有综合所得的居民在期中预缴期内(自1月1日~6月30

日）应预缴综合所得税款，其金额等于上一年度截至11月末已缴或应缴的综合所得税的50%。上一年度已缴或应缴的所得税是指上一年度期中预缴的应纳税额、申报的应纳税额以及应缴滞纳金罚款之和。

7.2.3　增值税

韩国从1977年开始征收增值税。增值税是对商品生产、流通、劳务服务等多个环节中新增价值或利润征收的税种。

7.2.3.1　纳税人

增值税的纳税人是指在韩国境内提供应税商品和劳务以及进口商品的个人、公司、地方政府的协会、社团以及其他任何非法人机构的组织。

7.2.3.2　征税范围

凡是在韩国境内提供应税商品和劳务以及进口商品的，不管是否是以营利为目的，都应缴纳增值税。经营者直接使用、消费或捐赠其经营过程中取得或生产的货物等行为视同销售，应缴纳增值税。

7.2.3.3　免税规定

韩国为了提高国民的福利服务和扶植弱势产业，政府对销售部分生活必需品或提供医疗、教育服务的免征增值税。以下提供货物或劳务属于免税范围，但其发生的进项税额不能扣除。

（1）基本生活必需用品和服务

它包括：未经加工的食品；自来水；煤球和无烟煤；客运服务，通过飞机、快速公交、高速列车、巴士包租、出租车、专用汽车或专用船舶服务的除外。

（2）社会福利服务

它包括：医疗卫生服务（如兽医、护士和助产士服务以及复方药和血液制剂的制药服务）；总统令规定的教育服务。

（3）与文化有关的货物与劳务

它包括：图书、报纸、杂志、官方公报和通信；非营利性文化艺术活动和非职业的体育比赛；图书馆、科学博物馆、艺术画廊或植物园的门票。

（4）其他货物和劳务

它包括：邮票、印花税票、证书、彩票、公共电话卡；学术、技术研究服务；宗教、慈善、科学机构和其他公益团体提供的货物和劳务；政府部门提供的货物或劳务；免费向政府公益团体提供的货物和劳务；住宅和不超过住宅面积5~10倍的附属土地的出租；金融和保险服务等。

7.2.3.4 计税依据

增值税的计税依据是供应商品或提供劳务的以货币或其他价格表示的全部报酬额,但不包括增值税。

7.2.3.5 税率

标准税率为10%,价外征收。

另外,以下货物和劳务适用增值税零税率:货物出口;发生在韩国境外的劳务;通过船舶、飞机等从事的国际运输服务;为取得外汇收入的其他提供货物劳务行为。零税率只适用于居民经营者和企业。对于通过船舶、飞机从事的国际运输服务,基于互惠原则的非居民或外国公司的经营也适用零税率。

7.2.3.6 应纳税额的计算

增值税纳税人提供货物或劳务,其应纳税额为当期销项税额抵扣当期进项税额后的余额。销项税额是指纳税人销售货物和提供劳务时,按照销售额和规定的税率计算并向购买方收取的增值税税额。进项税额是指纳税人购进货物或者接受应税劳务所支付的增值税税额。计算公式为:

$$应纳税额 = 当期销项税额(不含税销售额 \times 10\%) - 当期进项税额$$

免税项目的进项税额不得抵扣。

7.2.3.7 申报缴纳

增值税每6个月申报和缴纳一次,上下半年各一次。第一个预备纳税期为每年1月1日~3月31日,第二个预备纳税期为每年7月1日到9月30日。经营者必须在相关纳税期终止后25日内,向主管税务局申报缴纳各相关纳税期的应纳税额。

7.2.3.8 简易征收

如果经营者上一年度全部经营地提供货物或劳务的总营业额(或增值税含税收入)小于4800万韩元(称为"符合简易征收条件的经营者"),以其营业额为基础征收增值税。但经营者从事矿业、制造业、职业经营如律师、会计师、适用个别消费税的娱乐业、批发或房地产销售业务不符合简易征收条件。

$$应纳税额 = 相关纳税期间内的销售总额 \times 总统令规定的每一类业务的平均增值税率(15\% \sim 40\%) \times 10\%$$

符合简易征收条件的纳税人须在相关纳税期结束之日起25天内申报并缴纳税款。

7.2.4 个别消费税

个别消费税是对特定物品和进入特定场所及在特定场所娱乐的行为征收特别消费税。

7.2.4.1 纳税人

个别消费税的纳税人包括：生产、销售或进口应税货物者；赛马场、高尔夫球场等应税场所的运营商。

7.2.4.2 计税依据

①生产应税货物的，按照货物出厂的价格或数量；销售应税货物的，按照销售价格或数量；进口应税货物的，按照报关的价格或数量。

②进入应税场所，按照准予进入的人数；使用娱乐酒馆或沙龙，按照收费金额；在应税的营业地点经营（赌场），按照年度销售总额。

需要注意的是个别消费税、教育税和增值税不计入税基。

7.2.4.3 税率

个别消费税的税目税率按应税货物和应税场所划分，见表7-5、表7-6。

表7-5　　　　个别消费税税目税率（适用于应税货物）

序号	应税货物	税率
1	老虎机、弹球游戏机和其他类似的娱乐性设备；猎枪或步枪	20%
2	鹿角、蜂王浆、香水	7%
3	珠宝（不包括工业用钻石和未经加工的原矿石）、珍珠、玳瑁、珊瑚、琥珀、象牙及其产品；贵金属产品，其价值超过200万韩元的部分	20%
4	高档照相机及其附件、高档手表、高档皮毛及其制品（不包括兔皮和未经加工的皮毛）、高档地毯和高档家具，其价值超过200万韩元的部分（高档家具是指每件500万韩元或每套800万韩元的家具）	20%

续表

序号	应税货物	税率
5	排气量超过2000毫升的汽车和露营用汽车	10%（从韩美自由贸易协定生效之日起，在2012年全年按8%税率征收，2013年按7%，2014年按6%，2015年起按5%）
	排气量为2000毫升及以下的汽车（不含发动机排量1000毫升及以下的）和排气量超过125毫升的两轮摩托车	5%（韩国政府2018年7月18日宣布，从次日起乘用车、摩托车、野营车的个别消费税率将从现行的5%下调至3.5%）
6	煤油	90韩元/升
	重油	17韩元/升
	丙烷气	20韩元/千克
	丁烷气	275韩元/千克
	天然气（包括液态）	60韩元/千克（汽油和柴油2012年底前不征收个别消费税而征收交通能源环境税；丙烷气自2012年1月1日至4月30日按14韩元/千克征税）

资料来源：韩国国税厅网站，http://nts.go.kr/。

表7-6　　　　　　　个别消费税税率（适用于应税场所）

序号	应税场所	税率
1	赛马场	500韩元/人
	老虎机经营场所	1万韩元/人
	高尔夫球场	1.2万韩元/人
	赌场	5万韩元/人（韩国人）、2000韩元/人（外国人）
	自行车竞赛场、摩托艇比赛场	200韩元/人
2	娱乐性酒吧或沙龙等	10%
3	从应税场所（赌场）的经营业务中取得的年度销售总额	500亿韩元以下：0；500亿~1000亿韩元：超过500亿韩元的部分按2%；超过1000亿韩元：10亿韩元+超过1000亿韩元的部分按4%

资料来源：韩国国税厅网站，http://nts.go.kr/。

7.2.4.4 不征税和免税货物

不征税货物主要包括直接为自己或其家庭成员所用的个人（不包括公司）生产的货物；根据《海关法》适用简化关税表的货物；征酒税的货物；根据《农畜产品加工处理法》《药物、化妆品和医疗器械法》或《食品卫生法》没收的货物。

7.2.4.5 税收抵免

下列情形可在应缴税款中抵扣已征或应征税款：
①从制造商或保税区发出后直接用于其他应税货物制造或加工的应税货物；
②从其他销售商或制造商处购买，或从保税区发出或出售的第 3 类应税货物（如珠宝、珍珠等）；
③对应税货物再加工后，自制造商处或保税区发货。

7.2.4.6 申报缴纳

①纳税人销售或将应税货物移送至制造地之外，应在销售或将应税货物移送出制造地当季次月 25 日前申报缴纳税款（石油则为移出制造地当月次月月底前）。
②如果纳税人进口应税货物已报关，则被视为负有申报义务。
③赛马场、老虎机经营场所等第 1 类应税场所的运营商应在纳税人使用应税场所当季次月 25 日前申报缴纳税款；娱乐性酒吧或沙龙第 2 类应税场所应在当月次月 25 日前申报缴纳税款；第 3 类应税场所应在次年 3 月底之前申报缴纳税款。

7.2.5 其他国税

除以上税种外，韩国国税还包括以下税种：

7.2.5.1 继承税和赠与税

对继承财产者（包括个人或公司）征收继承税，对受赠财产者（包括个人或公司）征收赠与税。韩国居民就其继承或者受赠的境内外所有财产纳税，非居民仅就继承或者受赠韩国境内的财产纳税。非营利公司继承或者受赠财产免征继承税和赠与税。在计征继承税和赠与税时，有许多扣除规定。继承税和赠与税按照相同税率实行超额累进征收，税率见表 7-7。

表 7-7　　　　　　　　　　　　继承税和赠与税税率

级数	应纳税继承额或赠与额	税率
1	不超过 1 亿韩元的部分	10%
2	1 亿~5 亿韩元的部分	1000 万韩元 + 超过 1 亿韩元部分的 20%
3	5 亿~10 亿韩元的部分	9000 万韩元 + 超过 5 亿韩元部分的 30%
4	10 亿~30 亿韩元的部分	2.4 亿韩元 + 超过 10 亿韩元部分的 40%
5	超过 30 亿韩元的部分	10.4 亿韩元 + 超过 30 亿韩元部分的 50%

资料来源：韩国国税厅网站，http：//ntr.go.kr/。

7.2.5.2　综合不动产税

综合不动产税征收对象为住宅和土地（别墅除外），是对拥有超过规定标准的住房和土地者按不动产价值累进征收，税率在 0.5%~2% 之间。此税虽属国税，但所征税额全部转给地方政府使用。

韩国政府于 2018 年 9 月 13 日下午公布 13 部门联合制定的楼市降温举措，决定对在房价暴涨地区（包括韩国首尔市、世宗市全境和釜山市、京畿道部分地区）持有两套及以上房产的房主征收最高达 3.2% 的综合房地产税，税负上限也由 150% 升至 300%。

7.2.5.3　酒税

酒制造商和将酒带出保税区的法人以及个人应对运出制造地或保税区的酒纳税。计划生产或者销售酒的人必须从政府取得生产或者销售酒的许可证。酒税的计税依据为：烈酒（酒精含量≥85%）计税依据从酒厂或者保税区运出的酒量；烈酒以外的酒计税依据从酒厂或者保税区运出的酒价格。税率有从价定率和从量定额两种，烈酒从量计税，税率为 5.7 万韩元/千升（酒精含量超过 95% 的，每 1% 加收 600 韩元），其他酒实行从价计税，税率在 5%~72% 之间。

7.2.5.4　印花税

印花税的征税对象是在韩国起草证明创建、转移、变更财产所有权而书立、领受税法规定凭证的单位和个人。印花税的计算分两大类：分级定额税，按凭证所载金额确定；定额税，按件计算缴纳。

7.2.5.5　证券交易税

证券交易税纳税人包括证券发行公司、证券公司以及证券转让者。证券交易税的税基是转让时证券的总价值，税率一般为 0.5%，如果需要促进资本市场的发展，对在韩国证券交易所或在科斯达克市场（KOSDAQ）上市的股票，可以实行临时税率（股票转让适用税率：在韩国证券交易所上市的股票，税率为

0.15%，在科斯达克市场上市的股票，税率为0.3%）。

7.2.5.6 交通能源环境税

交通能源环境税对生产、进口汽油、柴油或类似的替代汽油和柴油实行从量定额征收，汽油及类似的替代汽油：475韩元/升；柴油及类似的替代柴油：340韩元/升。

7.2.5.7 教育税

在韩国从事金融保险业务者、个别消费税纳税人（除液化石油气、汽油、柴油和液化天然气外的）、交通能源环境税纳税人和大部分酒税纳税人，为教育税的纳税人。其计税依据和税率见表7-8。

表7-8 教育税计税依据和税率

纳税人	计税依据	税率
从事金融、保险业者	收入总额	0.5%
个别消费税纳税人	应纳个别消费税额	30%（煤油、重柴油、丁烷或液化石油气等为15%）
交通能源环境税纳税人	应纳交通能源环境税额	15%
酒税纳税人	应纳酒税税额	10%（当酒税税率超过70%时，为30%）

资料来源：韩国国税厅网站，http://ntr.go.kr/。

7.2.5.8 农渔村特别税

由于韩国农业生产效率低，政府于1994年7月设立了农渔村特别税来为农村各类发展项目筹集资金。农渔村特别税基本上是对免征的法人税、所得税、关税、个别消费税和证券交易税征收的附加税。农渔村特别税的税基是按照《特别税收待遇管理法》《地方税法》或者《关税法》对法人税、所得税、关税、购置税或注册税的免税额，税率在0.15%~20%之间。

7.2.6 省税和市县税

7.2.6.1 购置税

购置税的纳税人为通过购买或继承取得了不动产、机动车、重型设备、树木、船舶、飞机、高尔夫会员、公寓楼房会员、健康俱乐部会员、采矿权、捕鱼权的法人和个人。计税依据为以取得时的申报价，如建筑物以年度分期付款，则以年度分期付款价为计税依据。税率分两类：取得别墅、高尔夫球场、高级住所、豪华娱乐场所或豪华游轮税率为12%；从限制人口增长的特设地区取得的商业应税货物税率为8%。

7.2.6.2 注册税

注册税是对财产权或政府规定的其他权利的取得、产生、转让、变更或终止的法人和个人征税。注册税可以从价计税，计税依据为不动产、船舶、飞机以及机动车辆登记注册之日的价格，税率范围在0.01%~2%之间，也可以从量计税，按件征收，每件3000~90000韩元不等。

7.2.6.3 休闲税

休闲税是对赛马协会、国家体育促进会或地方汽车比赛团体、斗牛组织等娱乐性团体组织赛事取得的门票等收入征税，税率为10%。

7.2.6.4 居民税

对在市或者县内有住处的个人（包括有一处超过规定规模的办公室或者经营场所者）和有办公室的公司，从量定额征收居民税。个人每年税额在1万韩元以内，由各地方政府具体确定；公司居民税税率按公司资本金大小和员工人数而定。

7.2.6.5 汽车税

拥有汽车的人为汽车税纳税人。汽车税实行从量计征，按照车辆类型不同，实行定额税率。例如，商用机动车发动机排量在1000毫升以下，每毫升税额为18韩元；商用卡车货物装载量在1000千克以下年纳税额每辆6600韩元。

7.2.6.6 烟草消费税

烟草消费税作为地方税（市或县税种）于1989年1月1日起开征。纳税人为依照《烟草商业法》规定在市内或县内销售烟草的法人和个人以及烟草进口商。烟草消费税的税率为定额税率，例如香烟的税率为每20包641韩元。

7.2.6.7 地方所得税

地方所得税按比例所得，个人和法人都应缴纳所得税、法人税和农场税；按雇员，纳税人为每年7月1日已经注册经营地的个人和向员工支付工资报酬的经营者。税基分别为缴纳所得税、法人税和农场税总额以及员工月薪。按比例所得税率征收的地方所得税，是依据通过分别适用征收该年度的上一个年度所得税、法人税和农场税税率计算的税款总额计算的，但特定征收部分及评估税额有时会被减免。按雇员算，税率为0.5%。

7.2.6.8 地方消费税

地方消费税纳税人为增值税纳税人,计税依据为增值税的税收收入,税率为增值税收入的5%。

7.3 韩国的税收征收管理

7.3.1 税务管理机构设置及其职责

韩国负责税收征管的部门主要包括企划财政部下属的税务与海关总署、国税厅、关税厅以及地方政府。国税厅分中央、区域和地方三级管理系统。其中,中央国税厅由11个局、3个附属组织及1个运营支持办公室组成;地区层面包括首尔、中部、大田、光州、大邱、釜山6个地区税务局;地方层面则由分布在全国范围内的115个区税务局组成。

国税厅承担行政和业务管理职责,主要负责国内税征收管理,组织财政收入;负责全国税收调查的情报监控和分析,指导地区税务局共同开展对大企业的税收调查等。地方的区税务局负责纳税人的涉税业务办理和中小纳税人的调查。税务与海关总署主要负责制定并协调中央税及海关政策,此外还负责编制收入预算以及确定和征收税收收入的月度计划。关税由关税厅征收管理,其余中央税由国税厅征收管理,地方税由地方政府征收管理。此外,韩国单独设置税务法庭,负责仲裁税务上诉案件。

7.3.2 税收征管制度

7.3.2.1 税务登记

税务登记企业需要到税务局注册营业执照,法人到法院做商业登记,所有的纳税都是根据营业执照号码来申报,自然人如果投资成立非法人企业时,不必进行法人登记。

7.3.2.2 纳税申报缴纳

纳税申报的主要方式为电子申报。纳税人可以利用网络、智能手机、电脑等方便快捷的实现税收的申报缴纳。大部分国税都由企业自行主动申报,大部分地方税属于告知缴纳。一般规模比较大的公司通过会计师事务所申报纳税;对于小公司,税务局会发给告知书,企业自行申报缴纳即可。

7.3.2.3 纳税服务

2015年韩国以纳税人需求为中心，引进云计算和大数据的第二代信息系统，实现所有系统的实时互换构成综合分析系统，为纳税人在互联网上提供"一站式"服务，提高管理效率和服务质量。

7.3.2.4 税务检查

韩国税务部门会通过实地检查等方式定期对一些重点纳税大户进行纳税检查，检查其往来账、记账凭证等，如发现纳税问题，会通知纳税人更正，并补缴税款和滞纳金等。

7.3.2.5 处罚

对于未按时申报缴纳税款的纳税人，税务部门将处以罚款、加收滞纳金等。针对部分未按时缴纳税款的纳税人，税务机关还可以采取强制征税、扣押拍卖的措施。税务机关会定期公开欠税人名单，经常发生高税额欠税的纳税人名单，一年公布一次，使得欠缴税款的纳税人在经济和社会活动中受阻。而且韩国成立了专门的欠税管理机构。

扩展阅读 7-1

韩国新任财政部长：财政部考虑对加密货币和ICOs征税

据英文日报《韩国时报》12月3日报道称，韩国财政部正考虑对加密货币和ICOs征税。

韩国新任经济和财政部长、韩国新任副总理洪楠基（Hong Nam-ki）透露，加密货币征税计划将根据加密货币行业的全球税收趋势来决定。

这位副总理在谈到现行的ICO禁令时表示，当局亦会在审慎考虑市场情况、国际趋势及投资者保护等问题的基础上，对加密货币行业采取新的立场。洪楠基在提交给国民议会的书面答复中表示，计划于12月4日（周二）举行确认听证会："在审查了金融监管机构的市场调查结果，并获得专家的反馈意见后，我们将与有关机构共同决定ICOs的政策方向。"

这位部长透露，韩国政府计划成立，一个由国家税务局等相关国家机构组成的工作组，以参考外国对加密货币以及ICO行业的征税制度。

洪楠基在声明中写到，与央行或其他金融机构发行的资产相比，加密货币是"私人发行的电子价值标志"。

这位部长敦促制定加密货币监管，并在国际上达成一致。此外，他还指出全球约有2000种加密货币，其中有160种加密货币在国内市场上交易。洪楠基同时也强调，有关部门在建立适当的监管框架时需要谨慎。

此外，这位副部长声称，有关部门会尽最大的努力培育区块链技术。洪楠基援引了韩国统计数据强调到，除了加密货币交易所，有90%的区块链相关企业都可以被视为风险投资公司。

Cointelegraph今年10月报道称，那时还是韩国高级官员的洪楠基透露，韩国政府计划在11月宣布其对ICOs的官方立场。

韩国政府早在2017年9月就禁止了ICO的销售，并于2018年8月开始考虑把ICO合法化，此举也符合韩国在济州岛度假胜地建立自己的区块链岛的计划。今年10月，韩国国民议会议员闵秉都（Min Byung-doo）曾呼吁政府为ICO开辟道路，称禁令并不是唯一的途径。

注：ICO（是initial coin offering缩写），首次币发行，源自股票市场的首次公开发行（IPO）概念，是区块链项目首次发行代币，募集比特币、以太坊等通用数字货币的行为。

资料来源：Henlen Partz. 韩国新任财政部长：财政部考虑对加密货币和ICOs征税［EB/OL］. Cointelegraph，https：//cn. cointelegraph. com/news/south-koreas-finance-ministry-considers-taxing-crypto－，2018－12－04.

思考题

1. 简述韩国税收管理体制。
2. 简述韩国个别消费税的主要内容。
3. 韩国的综合不动产税是如何计征的？提高其税率对调控房地产市场作用如何？

第 8 章　新加坡税制

新加坡位于马来半岛南端,马六甲海峡出入口,北隔柔佛海峡与马来西亚相邻,南隔新加坡海峡与印度尼西亚相望,由新加坡岛及附近 63 个小岛组成,面积 724.4 平方公里,总人口 564 万（2018 年 12 月）。新加坡属外贸驱动型经济,以电子、石油化工、金融、航运、服务业为主,高度依赖中、美、日、欧和周边市场。2018 年国内生产总值为 3610 亿美元,人均 GDP 为 6.4 万美元[①],成为全球经济最具活力的新兴经济体之一。新加坡实行议会共和制,总统和议会共同行使立法权。议会称国会,实行一院制。

8.1　新加坡税收制度概述

8.1.1　新加坡税收管理体制

新加坡曾经是英国殖民地,承袭的是英国法律体制,国会拥有税法制定权及修订权。新加坡是一个城邦国家,故无省市之分,没有开征地方税。税法的执行由新加坡国内税务局（IRAS）负责。

新加坡以属地原则征税。任何人（包括公司和个人）在新加坡发生或来源于新加坡的收入,或在新加坡取得或视为在新加坡取得的收入,都属于新加坡的应税收入,需要在新加坡纳税。也就是说,即使是发生于或来源于新加坡之外的收入,只要是在新加坡取得,就需要在新加坡纳税。另外,在新加坡收到的境外赚取的收入也须缴纳所得税,有税务豁免的除外（如股息、分公司利润、服务收入等）。

新加坡为城市国家,全国实行统一的税收制度。任何公司和个人（包括外国公司和个人）只要根据上述属地原则取得新加坡应税收入,则需在新加坡纳税。

---

① 外交部:新加坡国家概况［ED/OL］. 外交部网站,2019–07,https://www.fmprc.gov.cn/web/gjhdq_676201/gj_676203/yz_676205/1206_677076/1206x0_677078/.

8.1.2 新加坡税制体系结构

新加坡的税收收入主要来源于个人所得税、企业所得税和消费税。新加坡国内税务局日前公布的 2018~2019 财年数据显示，新加坡上一财年税务收入总额达 524 亿新元，同比增长 4.4%。在总税收收入中，公司税、个人所得税和预扣税构成的所得税占比为 56.1%，达 294 亿新元；消费税税收为 111 亿新元，房地产税税收为 46 亿新元，占总税收收入比例分别为 21.2%、8.8%。同时，由于房地产交易量下滑，印花税税收为 46 亿新元，同比下降 6.1%；博彩业税收为 27 亿新元，其中包括博彩税、赌馆税、私人彩票税等。

8.2 新加坡主要税种的征收制度

新加坡现行主要税种有：企业所得税、个人所得税、消费税、房产税、印花税等。

8.2.1 个人所得税

8.2.1.1 纳税人

纳税人分为居民个人和非居民个人两类。居民个人包括：新加坡公民、新加坡永久居民以及在一个纳税年度中在新加坡居留或者工作 183 天以上（含 183 天）的外籍个人。非居民个人是指在一个纳税年度内，在新加坡居留或者工作少于 183 天的外籍个人。

8.2.1.2 征税范围

一般情况下，居民个人和非居民个人都要就其在新加坡取得的所有收入纳税。自 2004 年 1 月 1 日之后，纳税人在新加坡取得的海外收入不再纳税，但通过合伙企业取得的海外收入除外。因为合伙企业不是一个法律实体，合伙企业本身不需缴纳企业所得税，但每个合伙人需要纳税。如果合伙人是个人，则需按照个人适用的所得税税率缴纳个人所得税；如果合伙人是公司，则需按照公司适用的所得税税率缴纳企业所得税。

在新加坡，每年收入 2.2 万新元以上的人士必须提交所得税申报表。年收入少于 2.2 万新元者不需要纳税。

8.2.1.3 税率

新加坡的个人所得税实行累进税率制，2018 年估税年起适用税率为 0%~

22%，如表 8-1 所示。

表 8-1　2018 年居民个人所得税税率

年应纳税所得额	税率（%）	应纳税额（新元）
首 2 万新元	0	0
后 1 万新元	2	200
首 3 万新元	—	200
后 1 万新元	3.5	350
首 4 万新元	—	550
后 4 万新元	7	2800
首 8 万新元	—	3350
后 4 万新元	11.5	4600
首 12 万新元	—	7950
后 4 万新元	15	6000
首 16 万新元	—	13950
后 4 万新元	18	7200
首 20 万新元	—	21150
后 4 万新元	19	7600
首 24 万新元	—	28750
后 4 万新元	19.5	7800
首 28 万新元	—	36550
后 4 万新元	20	8000
首 32 万新元	—	44500
32 万新元以上	22	

资料来源：新加坡国内税务局网站，http://www.iras.gov.sg。

非居民个人的应纳税所得税额为收入总额扣除费用和捐赠后的所得，非居民个人不适用税务减免。非居民个人（非居民董事除外）的受雇所得适用 15% 税率和居民个人所得税税率两者间较高者。非居民董事的受雇所得和非居民个人的其他所得，税率为 22%。

8.2.1.4　应纳税所得额的确定

居民个人的应纳税所得额为收入总额扣除费用、捐赠以及各项税收减免后的所得。纳税居民有权就子女抚养费、职业培训费、保险费以及公积金（CPF）缴款等事项享受个人所得税减免。

(1) 应税所得

应税所得主要包括受雇所得、自我雇用和个体经营所得、投资所得等。

(2) 非应税所得

在新加坡,资本利得不纳税。但在某些情况下,税务机关会将涉及收购和处置不动产、股票证券的交易视为实质上的贸易活动。相应地,从此类交易中产生的收益也应纳税。此类收益是否应纳税视具体情况而定。

(3) 免税所得

①来源于新加坡的投资所得(即不被认定为从贸易、个体经营或专业服务中取得的收益或利润的所得),如果直接来源于个人的特定金融工具,包括标准储蓄、活期和定期存款,免征税收。例如债券利息收入、年金、单位信托基金分配的收益,都属于此类所得。

②居民个人在新加坡收到的所有国外来源的所得(通过合伙企业取得的除外)都是免税的。

(4) 税前扣除

新加坡的个人所得税考虑到纳税人的实际支付能力,允许一些税前扣除,主要包括配偶扣除、子女扣除、赡养老人扣除、照顾小孩扣除等,见表8-2。

表 8-2　　　　　　　　　　税前扣除项目

扣除项目类型	扣除额
配偶免征额	配偶免征额2000新元(残疾配偶免征额5500新元)
子女免征额	子女免征额每人4000新元(残疾子女免征额每人7500新元)
赡养父母方面的扣除	未与父母共同生活的纳税人可以扣5500新元(残障父母额外扣4500新元),与父母共同生活的纳税人可以扣9000新元(残障父母额外扣5000新元)
劳动所得的扣除	55岁以下允许扣1000新元(残障人士4000新元); 55~59岁允许扣6000新元(残障人士10000新元); 60岁以上允许扣8000新元(残障人士12000新元)
照顾小孩的免征额	祖父母照顾小孩免征额(针对职业母亲)3000新元

资料来源:新加坡国内税务局网站,http://www.iras.gov.sg。

自2018年纳税年度起,每个纳税人总的税前扣除限额为8万新元。

8.2.1.5 应纳税额的计算

$$应纳税额 = 应纳税所得额 \times 适用税率 - 各项税收抵免$$

例如,某新加坡居民个人年应纳税所得额为5万新元,前4万新元的税额为550新元,余额1万新元的税额是$10000 \times 7\% = 700$(新元),所以总税额为:

550 + 700 = 1250（新元）。

8.2.1.6 申报缴纳

新加坡个人所得税的申报为年度申报。个人所得税的申报是每年的 4 月 15 日之前申报上一年度的个人所得税。新加坡的个人所得税可以通过网络进行电子申报，也可以进行纸质申报。纳税人在规定时间内进行纳税申报后，税务机关会向纳税人出具缴税通知，纳税人须在接到通知后一个月内缴纳税款，否则税务机关会对欠缴税款征收罚款和滞纳金。

8.2.2 企业所得税

新加坡对内外资企业实行统一的企业所得税政策。新加坡是公司税税率最低的发达国家之一，下面介绍新加坡公司所得税的主要内容。

8.2.2.1 纳税人

根据新加坡所得税法的规定，如果一家企业其管理和实际控制机构在新加坡境内，则认定其为新加坡的居民企业，而与该企业的注册地无关。如果一家企业其管理和实际控制机构不在新加坡境内，则认定其为新加坡的非居民企业，即使该企业的注册地在新加坡境内。管理和实际控制机构是指对企业的政策及战略做出决定的机构，通常情况下企业做出战略决策的董事会决议的召开地点是决定管理和实际控制机构所在地的关键性因素，进而决定企业是否为新加坡的居民企业。

8.2.2.2 征税范围

企业获得的一切新加坡境内来源的所得及在新加坡境内获得的境外来源的所得，均需缴纳企业所得税。然而，不在新加坡境内经营的非居民企业一般不须就其在新加坡境内获得的境外来源的所得缴纳企业所得税。

新加坡的居民企业在境外取得股息、分支机构利润及服务收入（特定境外所得），汇入新加坡境内的，符合相关规定的境外所得免于征税。

根据新加坡税法规定，如果境外企业有来源于新加坡的应税所得，且该所得未经支付企业代扣税款，则要求该境外企业向新加坡税务局进行纳税申报。

8.2.2.3 税率

自 2010 年估税年度起，企业所得税税率调整为 17%，并且所有企业可以享受前 30 万新元应税所得的部分免税待遇：一般企业首 1 万新元所得免征 75%，后 29 万新元所得免征 50%；符合条件的起步企业（前 3 年）首 10 万新元所得全部免税，后 20 万新元所得免征 50%。

此外，根据2018年预算案计划，2018年纳税年度内，企业可获得40%的企业所得税减免，上限不超过1.5万新元；2019年纳税年度内，企业可获得20%的企业所得税减免，上限不超过1万新元。

8.2.2.4 应纳税所得额的确定

公司的应纳税所得额等于公司的总收入减去允许扣除的费用、折旧、税金、损失等项目后的余额。

企业在本纳税年度正常进行的经营活动中，支出或计提的必要费用允许在税前扣除，但某些项目的扣除有一定的限制。

（1）收入

根据新加坡所得税法，应税收入主要包括以下几方面：来源于商业贸易或商业活动的所得；股息、利息等投资收益所得；特许权使用费、保险费和源自财产的其他所得等。

（2）不征税收入

新加坡对资本利得不征税。

（3）税前扣除

企业可扣除的费用必须满足以下全部条件：费用的产生全部且仅仅为产生该所得而发生；必须为收益性开支；不能为新加坡税法中明令排除的款项。

允许税前扣除的费用主要包括：企业生产经营的现金流成本，例如支付给雇员的薪酬、购买生产材料、支付广告费用和租金等；企业借款的利息支出；企业用于购买机器设备、厂房等资本投入的折旧费用等。厂房和设备的税收折旧是指出于贸易或经营目的而在获得厂房和设备过程中发生的投资支出可获得相应的折旧免税额/税收折旧。符合条件的厂房和设备的费用一般从扣除的当年起在三年内均等摊销或在一年内扣除，在一年内扣除的前提是该项目的成本不得超过5000新元。此外，一个纳税年度内所有相关资产的折旧免税额不得超过3万新元，且各项资产的价值不得高于5000新元。

以下费用可在获得该资产的当年报销：计算机或其他规定的自动化设备；发电机；机器人；指定的高效污染防治设备；指定的工业降噪或化学危险品防治设备。

（4）亏损弥补

贸易损失可用于冲抵当年的任意应税所得。一般而言，境外亏损不能用于冲抵境内来源的所得。

8.2.2.5 应纳税额的计算

一般而言，应纳税所得额由基于普遍接受的会计原则生成的财务报表中报告的账面利润按新加坡税法调整得到。

$$应纳税额 = 应纳税所得额 \times 适用的税率 - 税收抵免$$

例如，在2018年纳税年度，一家新加坡企业经前述纳税调整项目调整后，应纳税所得额为100万新元。按照现行法规，该笔所得中，头1万新元的部分可享受75%的税收减免，超过1万~30万新元的部分可享受50%的税收减免，剩余70万新元必须就其全额按17%的税率缴纳企业所得税，因此，当年的应纳税额为144075新元。此外，根据新加坡2018年预算案计划，2018年纳税年度内，企业可获得40%的企业所得税减免，上限不超过1.5万新元，因此，该企业可以额外获得1.5万新元的企业所得税减免，最终，该企业2018年纳税年度的应纳税额为129075新元。

8.2.2.6　申报缴纳

新加坡企业所得税的申报为年度申报。新加坡企业所得税的申报分为电子申报（e-filing）和纸质申报（paper-filing）。企业所得税纸质申报的截止日期为每年的11月30日，电子申报的截止日期为每年的12月15日，上述申报时间不得延期。从2020年纳税年度起，所有企业都必须采用电子申报方式。

纳税人应在收到所得税评税通知后1个月内，通过银行转账等方式缴纳税款，否则税务机关会对欠交的税款征收罚款。企业可向税务机关申请分期支付企业所得税。

8.2.3　消费税

8.2.3.1　纳税人和课税对象

新加坡的消费税，即货物和劳务税（goods and services tax），是对所有在新加坡提供货物和劳务服务以及进口货物征收的一种税，相当于一些国家的增值税，税负由最终的消费者负担。从事提供货物和劳务服务且年营业额在100万新元以上的纳税人，应进行消费税的纳税登记。

8.2.3.2　税率

新加坡消费税的税率为7%。住宅财产的销售和出租以及大部分金融服务可免征消费税。出口货物和服务的消费税税率为零，离岸贸易可以豁免消费税。

8.2.3.3　应纳税额的计算

进行了消费税登记的纳税人，其消费税应纳税额为销项税额减去购进货物或服务支付的进项税额后的差额。

8.2.3.4　进项税额的抵扣

进项税额指的是纳税人购买或者进口至新加坡的商品和服务，用于或将用于纳税人从事或准备从事的任何经营活动的商品所发生的消费税。如果进项税额是因生产应税商品而发生的，则纳税人可以抵扣销项税额。购进的商品和服务（例如纳税人购进用于私人用途的商品）不用于经营而产生的进项税额不能用于税款抵扣。

进项税额可以被抵扣的支出事项举例（如果与应税经营活动相关）：购买存货；支付广告费和业务招待费；卡车和货车的购进、租赁、雇用和维修等。

进项税额不能被抵扣的支出事项举例：非经营用途的购进；私人汽车的购进、租赁、雇用、维修和运行费用；雇员的医疗费用及保险费用；休闲俱乐部的会员费。

8.2.3.5 申报缴纳

新加坡消费税按季度申报。若纳税义务人定期申请退税，也可向税务机关申请每个月申报一次，以减轻现金流压力。新加坡税务局规定，消费税必须通过税务局网站进行电子申报。新加坡消费税于季度结束后的 1 个月内要付讫全部税款。

扩展阅读 8-1

马来西亚增值税、数字税接踵而至！新加坡电商税也箭在弦上

据外媒报道，日前马来西亚总理表示，鉴于电子商务的增长目前超过了实体零售店等传统模式下的企业营收，马来西亚正考虑应开始对其征收电商税。

马来西亚的增值税

在 2019 年 6 月 22 日举行的第 34 届东盟首脑会议晚宴结束后，马来西亚总理发表讲话指出，政府的税收一直在减少，因为在线业务正在影响其他业务，电商的发展导致了许多实体店关停。直销让税收变少了，而且这些税收也会流向生产地国家，马来西亚没有得到任何收益。

东盟领导人建议电商税至少收取利润的一半以上，且税收也将有助于政府评估在线业务的利润额。此前，2017 年马来西亚前任总理任期内曾公布了对外国供应商的数字服务征收商品和服务增值税（GST）的计划。然而，2018 年 5 月 9 日新任总理上台后废弃了这一决定。当时马来西亚海关总署署长预测，"数十亿林吉特（税收）"可以"轻松"从数字经济中获取。

目前，马来西亚正在修订税法，特别是关于 GST 的部分，以便向在马来西亚提供数字服务的外国公司征税。

马来西亚的数字税

根据媒体早前报道，财政部副部长称马来西亚政府计划从 2020 年 1 月 1 日

起对外国数字服务供应商征收6%的数字服务税。他表示,与其他几个国家的税率相比,马来西亚的数字税税率是最低的。

有人指出,即使数字服务供应商在其他国家,政府仍有权执行法律,因为经合组织国家之间存在政府对政府(GTG)间的合作。这种合作使政府能够对拒绝缴纳服务税的外国公司采取法律行动。

新加坡将于2020年1月开始对数字服务实施GST

无独有偶,不只是马来西亚,新加坡财政部长在他的2018年预算演讲中指出,政府有意向数字服务征收GST。2018年底新加坡颁布了一项关于数字服务税收的法案,新税将从2019年1月开始生效。GST将适用于跨境B2C和B2B数字服务,预计每年税收约为9000万新元。

如果新加坡非GST注册用户的全球营业额和数字服务价值分别超过每年100万新元和10万新元,那么外国数字服务供应商和包括应用商店在内的电子平台运营商就要支付GST。

目前,从海外供应商处购买的咨询和营销等服务不受商品及服务税的限制。当地消费者在从海外下载应用也不支付GST。这一变化将确保外国服务和本地服务得到同样的待遇。

资料来源:谢欣欣. 马来西亚增值税、数字税接踵而至!新加坡电商税也箭在弦上[EB/OL]. 雨果网, https://www.cifnews.com/article/45977, 2019-06-26.

8.2.4 房地产税

8.2.4.1 纳税人

房地产税的纳税人是指不动产的所有权人。

8.2.4.2 征收范围

新加坡的所有不动产都应征收房地产税,包括房屋、建筑物、土地和经济公寓等。

8.2.4.3 税率

对自用型住宅房地产及非自用型住宅房地产实行累进财产税税率,自2015年1月1日起生效,见表8-3、表8-4;对其他房地产,如商业及工业房地产,采用10%的税率。

表8-3 自用型住宅房地产税率

年价值（新元）	税率（自2015年1月1日起生效）（%）	应纳税额（新元）
首8000	0	0
后4.7万	4	1880
首5.5万	—	1880
后1.5万	6	900
首7万	—	2780
后1.5万	8	1200
首8.5万	—	3980
后1.5万	10	1500
首10万	—	5480
后1.5万	12	1800
首11.5万	—	7280
后1.5万	14	2100
首13万	—	9380
13万以上	16	

资料来源：新加坡国内税务局网站，http://www.iras.gov.sg。

表8-4 非自用型住宅房地产税率

年价值（新元）	税率（自2015年1月1日起生效）（%）	应纳税额（新元）
首3万	10	3000
后1.5万	12	1800
首4.5万	—	4800
后1.5万	14	2100
首6万	—	6900
后1.5万	16	2400
首7.5万	—	9300
后1.5万	18	2700
首9万	—	12000
9万以上	20	

资料来源：新加坡国内税务局网站，http://www.iras.gov.sg。

8.2.4.4 税收优惠

专门用于以下目的的建筑免税：

①公共的宗教礼拜场所；
②获得政府财政补助的公共学校；
③慈善目的；
④其他有利于新加坡社会发展的目的。

8.2.4.5 应纳税额的计算

应纳税额的计算方式为：

$$应纳税额 = 房地产的年价值 \times 税率$$

将房地产出租预计可获得的年租金，扣除家具、设备的租金和维修费后的余额为房地产的年价值。房地产的年价值根据可比建筑的租金和相关数据分析确定，而并非基于其实际收到的租金收入。税务机关每年会对不动产的年值进行审阅，以确定是否需要修改。如果不动产的年值发生变化，税务机关会通知纳税人。

8.2.4.6 申报缴纳

房地产税按年缴纳，每年1月份缴纳全年的房地产税，缴税的截止日期为每年的1月31日。

8.2.5 印花税

这是对与不动产和股份有关的书面文件征收的一种税。与不动产有关的文件包括不动产的买卖、交换、抵押、信托、出租等；与股份有关的文件包括股份的派发、转让、赠与、信托、抵押等。在新加坡境内签署的文件，应在文件签署之日起14日内缴纳印花税；在新加坡境外签署的文件，应在新加坡收到文件的30日内缴纳印花税。不同类型的文件适用的税率不同。例如，转让股票时，按照买入价或股票价值孰高者的0.2%缴付印花税。房地产买方印花税从2018年2月20日起，成交价超过100万新元的住宅，超出部分买方印花税从3%调高至4%。

扩展阅读8-2

新加坡给房地产市场降温：外国买家需额外多付15%印花税

2018年7月5日，新加坡金融管理局、国家发展部和财政部联合公告表示，新加坡将上调额外买家印花税（additional buyer stamp duty）税率5~15个百分点，并收紧贷款限额。该政策将从7月6日开始实施。

公告内容显示，额外买家印花税是新加坡政府于2011年推出的为住宅类房产降温的措施之一，是在缴纳固定印花税外，需要额外支付的买方印花税。目的在于缓解当地和国外住宅物业买家的强劲投资需求，确保新加坡人依然可以买得起当地住宅。

新加坡政府在公告中表示，在提升利率和住房市场强劲供给的双面影响下，如果房价上升不受控制，将会对新加坡的经济产生不稳定的负面影响。新加坡政府表示，此举意在给当地的房地产市场降温，使房价上升与经济基础情况相一致。

此前，新加坡公民购买首套房时可免除额外买家印花税，但购买第二、第三套及更多住房，则需分别支付付额外7%和10%印花税；永久居民购买第一、第二及更多套住房，分别需付额外5%和10%印花税；而外国人和实体购买房子时，一律需付额外15%印花税。

该政策实行后，新加坡公民和永久居民购买首套住房征收的额外买家印花税税率的仍然分别为0%和5%，除了实体的印花税税率上调10个百分点外，所有其他上述个人的印花税税率均上调5个百分点。公告还指出，如果涉及针对土地开发商，还需在上述基础上再增加5%的额外印花税。

受2008年全球金融危机的影响，新加坡政府于2009年开始实施楼市管控政策，并从2011年开始对房屋交易征收额外买家印花税。政策实施之后，新加坡楼市房价一度攀升，在2013年达到峰顶之后不断下滑，直到2017年又重回涨势。

公告中显示，在过去一年里，新加坡房价大幅增长了9.1%。

新加坡曾在2017年3月宣布稍微放宽卖方印花税等为房地产市场降温的措施。包括调低卖方印花税（SSD）和放宽总偿债率（TDSR）框架，并针对通过股权转让进行买卖的住宅交易征收印花税。卖方印花税的适用期限从四年缩短至三年，税率也调低四个百分点。

资料来源：李晓青，黄河．新加坡给房地产市场降温：外国买家额外印花税上调5个百分点[EB/OL]．澎湃新闻网，https://www.thepaper.cn/newsDetail_forward_2243846，2018-07-06．

8.2.6 碳排放税

2019年开征碳排放税。2019~2023年，在新加坡的企业每排放1吨温室气体，必须支付5新元碳排放税。新加坡政府还计划在2030年前将碳排放税提高至每吨温室气体征收10~15新元的水平。

8.3 新加坡的税收征收管理

8.3.1 税务系统机构设置和职责

新加坡国内税务局（IRAS）负责为政府管理税务、评估税款、征收税款、执行税款的支付并负责新加坡国内税收征管政策的制定与执行。新加坡税务局隶属于财政部（Ministry of Finance，MOF）并采用董事会的模式进行管理，下设税务法规和国际税务部、国际事务关系部、法规执行部、纳税服务部以及调查稽核部等部门。

税务法规和国际税务部以及国际事务关系部主要负责审阅税务法规、依据税法认定合规行为、完善及更新法规以及在国际谈判和税收协定（税收安排）中维护新加坡国家经济利益；法规执行部主要负责处理违反纳税申报以及缴纳税款相关规定的事宜；纳税服务部主要负责一线日常税务问题的回答、满足服务需求；调查稽核部主要负责性质恶劣、影响重大的税务违规案件。

8.3.2 税收征收管理制度

8.3.2.1 税务登记

在新加坡，新设企业在新加坡会计和企业管制局注册登记后，新加坡会计和企业监管局会向新公司颁发一个识别实体编号（unique entity number，UEN）。公司将使用 UEN 作为其税务参考编号，企业无须单独在税务部门进行所得税登记，其登记信息将由新加坡会计和企业管制局传递至税务部门，以保障企业所得税的税源征收管理。于新加坡经营或从新加坡境内有所得来源的企业需要在新加坡进行纳税申报。

新加坡对个人纳税人无注册要求。工作许可证一经发放，新加坡人力部会将纳税人的相关信息传递至税务部门。

8.3.2.2 纳税申报缴纳

申报期限。新加坡的个人所得税和企业所得税的申报均为年度申报。个人所得税的申报是每年的 4 月 15 日之前申报上一年度的个人所得税，夫妻双方应各自填写个人所得税申报表。企业所得税申报的截止日期为每年的 11 月 30 日。新加坡消费税按季度申报，季度结束后的 1 个月内要完成申报。纳税义务人也可向税务机关申请每 1 个月或每 6 个月申报一次。无论是每 1 个月申报还是每 6 个月申报，申报时间均为相关期间结束后的 1 个月内。

申报方式。目前，电子申报（e-filing）是主要申报方式。新加坡的个人所得税和企业所得税纳税人可以通过网络或电话进行电子申报，也可进行纸质申报（paper-filing），但是消费税的纳税人必须通过网站进行电子申报。

申报手续。①新加坡个人所得税申报手续为：纳税人在规定时间内进行纳税申报后，税务机关会向纳税人出具评税通知（notice of assessment），纳税人须在接到评税通知后 1 个月内缴纳税款，否则税务机关会征收罚款。纳税人也可以向税务局申请分期付款支付个人所得税，最多分 12 期。雇主无须从个人的月薪预扣个人所得税。②新加坡的企业所得税申报手续为：纳税人在财年结束后3个月内向税务机关报送预估应税收入表，即便纳税人没有应税收入，也要进行零申报，此为预申报（符合条件的企业可以获得豁免申报）；税务机关在每年3月份会向纳税人寄送有编号的申报表C，纳税人收到申报表后，按照要求填好，通过电子申报或邮寄等方式报送给税务机关；税务机关会对纳税人报送的申报资料进行审核，并向纳税人寄出预估税通知，纳税人应在收到预估税通知后1个月内，通过银行转账等方式缴纳税款，否则税务机关会对欠交的税款征收罚款。企业可向税务局申请分期支付企业所得税。

8.3.2.3 纳税评估

税务部门基于风险评估为基础的方法来审核企业所得税纳税申报表。新加坡税务局按照企业业务及税务事项复杂程度和收益风险进行分类处理。

当税务部门收到企业所得税申报表时开始进行纳税评估。企业所得税申报表将按照税务事项的复杂程度进行分类。税务部门执行的审阅程度通常取决于每个案件的复杂程度，对税务事项复杂的企业的年度所得税申报表将进行更深入的审阅，对一小部分企业的常规税务事项进行合规审查。

8.3.2.4 税务稽查

税务稽查是由新加坡国内税务局负责处理逃税和欺诈的调查稽核部执行。税务部门进行税务稽查以确定被查企业是否存在税收违法行为，调查范围包括个人所得税、企业所得税、消费税和其他税种的相关问题。税务稽查的时间长短取决于稽查的范围、问题的复杂性以及纳税人的合作程度。稽查周期最长可达2年。

稽查人员可以对纳税人的营业场所进行突击检查，要求纳税人提供会计记录、原始凭证和其他有关记录，并可进行搜查。税务部门亦可从其他第三方处搜集信息并与其核实，第三方包括其他政府机构、银行及其他金融机构、其他国家（地区）的税务机构。

税务稽查开始前，税务部门通常会与纳税人及其专业顾问会面，讨论新加坡税务局在调查过程中可能会发现的任何调查问题。税务稽查结束后，新加坡税务局会讨论并最终确定调查结果，并允许纳税人对稽查过程中发现的任何税务违规行为提供合理性解释。

税务部门允许纳税人自行提出稽查过程中发现的违规问题的解决方案。该解决方案需包括两部分内容：应补缴的应纳税额和纳税人愿意支付的罚金。根据税务违法行为的严重程度，罚金可高达应补缴的应纳税额的400%。如果确定纳税人存在逃税行为或其他人协助纳税人故意逃税等行为，税务部门将考虑启动法律程序起诉纳税人和教唆人。

8.3.2.5 税务审计

税务审计包括检查纳税人账簿、纳税记录及相关财务事宜，以便税务部门核实纳税人提交的纳税申报表是否符合税法规定。其目的在于发现纳税人过去纳税申报时可能产生的错误，并就纳税人未来的纳税申报事宜提出改进建议。

审计人员通常会审查最近纳税年度的纳税情况，但审计范围也可能追溯以前纳税年度。审计完成后，税务部门将告知纳税人纳税评估作出的调整，并相应补充或修改纳税评估。

一旦纳税人发现纳税申报错误或报送了错误的申报表，税务部门鼓励纳税人主动披露错误或纰漏，并履行相应义务。满足特定条件时，纳税人可以享受自愿披露计划，从而减少因申报错误或纰漏导致的罚款支出。

8.3.2.6 税务复议和诉讼

在新加坡，纳税人可针对主计长作出的有关所得税纳税评估提出异议及上诉。

（1）提出异议

主计长将会根据纳税人提交的所得税申报表、已审账目、明细表等信息来查明纳税人应纳税所得额。之后评税通知将会递交给纳税人。如纳税人对评估结果有异议，须在评税通知送达之日起2个月内提交书面的上诉书。

当有效的上诉书提交后，主计长会审核提交的信息并进一步对有关方面进行问询。纳税人须在问询函发出后2个月内对其进行回复。如果主计长在截止日期仍未收到纳税人的回复时，主计长将会提醒纳税人。在主计长最后一次与纳税人进行沟通并获得完整信息的6个月内，主计长将会对纳税人提出的异议进行复审并且给予书面通知。对于复杂案件，如果主计长需要更长的审查时间，主计长将通知纳税人审查所需的预计时间。纳税人必须在主计长发放书面通知之日起3个月内以书面形式回复主计长，不管其是否同意主计长的决定。否则，主计长将会出具拒绝更正申报的通知，并将其视为最终评估结果。

此外，如果纳税人与主计长无法就评估结果达成一致，主计长将会出具一份拒绝更正申报的通知给予纳税人，以告知纳税人其最终评估结果及纳税人可进一步上诉的权利。如果在收到纳税人提出的异议之日起2年内，主计长要求纳税人提供的资料仍然未提供完毕，那么主计长也可以发出拒绝更正申报的通知。

（2）税务诉讼

当主计长出具了拒绝更正申报的通知后，纳税人有以下选择：接受主计长对异议项目的决定，则主计长出具的评税通知将视作最终的决定与总结；按照税法规定，纳税人可以在主计长出具拒绝更正申报的通知后30天内提交上诉书给所得税审议团。

8.3.2.7 违法处罚

纳税人应在规定时间内申报缴纳税款。新加坡税务局可对未提交或未能按时提交申报表的纳税人处以罚款。依据税法，新加坡的纳税人不提交纳税申报表属违法行为，若被定罪，则将被处以不超过 1000 新元的滞纳金，不缴纳则可被处以 6 个月以内的有期徒刑。被定罪后，应纳税人每延迟 1 日提交纳税申报表将被处以 50 新元的追加滞纳金。到期未缴纳税款将被处以应交税款 5% 的罚款。

思考题

1. 新加坡企业所得税居民企业和非居民企业是如何划分的？其纳税义务有何不同？

2. 新加坡的房地产税是如何计征的？其对完善我国房地产税有何借鉴意义？

第 9 章　俄罗斯税制

俄罗斯横跨欧亚大陆，东西最长 9000 公里，南北最宽 4000 公里。面积 1709.82 万平方公里，是世界上面积最大的国家，人口 1.46 亿。俄罗斯的自然资源十分丰富，种类多，储量大，自给程度高。森林覆盖面积 1126 万平方公里，占国土面积 65.8%，居世界第一位。木材蓄积量居世界第一位。天然气已探明蕴藏量占世界探明储量的 25%，居世界第一位。石油探明储量占世界探明储量的 9%。铁、镍、锡蕴藏量居世界第一位。黄金储量居世界第三位。2018 年，俄罗斯国内生产总值同比增长 2.3%。截至 2019 年 8 月 2 日，国际储备约 5168 亿美元[①]。俄罗斯是共和制的民主联邦制国家，确立了总统制的国家领导体制。

9.1　俄罗斯税收制度概述

9.1.1　俄罗斯的税收管理体制

俄罗斯的中央享有主要立法权，地方同时也享有一定的立法权，即个别税种及其税率的立法权。地区和地方立法机构只对本级税收享有一定权利，包括税收优惠、税率、纳税程序和期限以及会计报表的格式。除此之外，征税的其他条件均由联邦税法典规定。联邦税是由俄联邦税法典直接规定的，在俄罗斯境内普遍实行，但其税收并不统归联邦预算。联邦主体税（地区税）是由联邦主体的立法机关以专门法律规定，并在相应地区普遍实行。地方税由地方自治代表机关以法规形式规定的，并在所管辖区域普遍实行。

9.1.2　俄罗斯税制体系结构

俄罗斯实行联邦税、联邦主体税和地方税三级税收体制。联邦税，在联邦范围内缴纳，包括增值税、消费税、个人所得税、企业所得税、矿产开采税、水

---

① 外交部：俄罗斯国家概况［ED/OL］. 外交部网站, 2019-08, https://www.fmprc.gov.cn/web/gjhdq_676201/gj_676203/oz_678770/1206_679110/1206x0_679112/.

税、自然和生物资源消耗征税等。联邦主体税（地区税），在相应的联邦主体范围内缴纳，包括房产税、博彩税和车船使用税。地方税，在相应市政地区缴纳，包括土地税和个人财产税。

俄罗斯联邦的税收收入主要来源于企业所得税、增值税、个人所得税和矿产资源开采税。据俄罗斯联邦税务局的数据显示，2018 年俄罗斯综合预算税收 21.3 万亿卢布，较 2017 年增长 23%。企业所得税收入为 4.1 万亿卢布，增值税收入为 3.6 万亿卢布，个人所得税收入为 3.7 万亿卢布，占税收总收入的比例分别为 19.2%、16.9%、17.4%。另外，保险税收收入增长 10.6%，为 6.4 万亿卢布。

此外，俄罗斯税法典还针对小微企业规定了特别税收制度，符合条件的纳税人有权支付单一税，而不是多种税项。特别税收制度包括：简易征收制度、统一农业税、核定征收制度（部分经营活动估算收入统一税收制度）、产品分成协议制度和许可征收制度等。

9.2 俄罗斯主要税种的征收制度

9.2.1 个人所得税

9.2.1.1 纳税人

个人所得税的纳税人分为居民纳税人和非居民纳税人。居民纳税人是指连续 12 个月内在俄罗斯联邦境内居住不少于 183 天的自然人。此 12 个月可以跨年度计算，只要是连续 12 个月即可。自然人短期离境（6 个月之内）治疗或培训，以及在海上油气田因完成工作任务或履行其他工作义务（提供服务），不中止自然人在俄罗斯居住期的计算。非居民纳税人是指连续 12 个月内在俄罗斯联邦居住不满 183 天，但有来源于俄罗斯境内应税所得的自然人。

9.2.1.2 征税范围

对于居民纳税人而言，其来源于俄罗斯境内、境外的所得都要缴税；非居民纳税人只就来源于俄罗斯境内的所得缴税。具体而言，征税范围主要包括以下几个方面：①受雇所得，包括工资、薪金、实物形式的津贴；②投资所得，包括股息和利息；③资本收益所得，包括转让动产、不动产及有价证券的所得；④其他所得，如保险所得等。

9.2.1.3 税率

居民纳税人除了特定类型的非雇用收入（包括各种博彩、竞赛中的得奖、奖金收入等）适用35%的税率之外，其他各项收入全部适用13%的税率。

对于非居民纳税人，除高技能专家以及凭特别许可证在俄罗斯工作的人员外，均适用30%的税率，但非居民从俄罗斯公司获得的股息收入的税率为15%。需要注意的是，高技能专家的工资收入适用13%的税率，但非工资收入适用30%的税率。

高技能专家主要分为如下几种：①被邀请到大学、国家科研机构从事科学研究或教育工作，月收入不少于8.35万卢布的科研工作者或教师，以及年收入不少于100万卢布的医学、教育和科研专家；②参与俄罗斯联邦关于科技创新建设中心法律规定的科技中心建设的外国专家；③在克里米亚及塞瓦斯托波尔行政区办公，月收入不少于8.35万卢布的专家；④其他月收入不少于16.7万卢布的外国专家。

9.2.1.4　税收优惠

现行税法的标准扣除额共分三档：第一档，为纳税期内在月收入中扣除3000卢布，主要是对切尔诺贝利核污染及其他核辐射受害者、卫国战争中的残疾者等群体；第二档，为纳税期内在月收入中扣除500卢布，主要针对苏联英雄、俄罗斯英雄、三级荣誉勋章获得者、国内战争和卫国战争的参加者，自幼残疾和一、二度残疾人；第三档，是在月收入中扣除400卢布到1000卢布不等，主要针对纳税人对于所供养的孩子每月可扣除的数额。

个人所得税除免征额有优惠外，还有以下四项税收优惠：由国家或市政府提供的最低保障所得不征收个人所得税；银行储蓄所得利息不超过征税利息所得额（比率）是免税的；以个人养老计划为基准的国家养老金款项和从养老基金中得到的款项是免税的；符合条件的个人财产转让所得是免税的。

自2019年1月1日起，非居民纳税人可以同居民纳税人一样，在下列情况下免缴个人所得税：①在2016年前购置的房产，并且持有不少于3年；②2016年1月1日之后购置的房产，并且持有不少于5年；③继承或受赠与所得的房产，并且持有不少于3年。如果非居民纳税人不满足以上免税的条件，也可以在下列情况下，享受税收优惠，即非居民纳税人将房产赠与给俄罗斯籍的配偶，由其配偶以自己的名义出售，可以从房价中扣除100万卢布的免征额（仅适用于俄罗斯公民的优惠），而剩余的价款也仅征收13%的个人所得税。在俄罗斯，赠与房产给近亲属是不需要纳税的。

9.2.1.5　纳税申报

个人所得税以日历年为准，实行代扣代缴和自行申报的方式，即支付当时代扣或按年度申报。

9.2.2 企业所得税(企业利润税)

俄罗斯企业所得税是对机构(企业、银行、保险公司等)的利润征收的直接税。

9.2.2.1 纳税人

企业所得税的纳税人包括俄罗斯企业、通过常设机构在俄罗斯境内从事经营活动的外国企业或者有来源于俄罗斯联邦收入的外国企业。

9.2.2.2 征税对象

企业所得税的征税对象是经济主体活动的最终价值成果,即企业总利润。利润是按照税法核算的收入减去税法规定的可扣除的支出费用计算的余额,收入通常按权责发生制核算。

9.2.2.3 税率

企业所得税的法定税率是20%。其中2%的税率征收的额度纳入联邦预算,18%的税率征收的额度纳入联邦主体预算。各联邦主体有权通过立法的形式针对特定的纳税人实行优惠税率,优惠税率最低不得低于13.5%。法律另有规定的情况除外。

零税率适用于以下情况:从事教育或医疗活动的法人实体取得的收入;从俄罗斯联邦中央银行取得的收入;根据联邦《斯科尔科沃创新中心法》,研发企业的收入、股息红利的预提税率为0%;俄罗斯公司转让其2011年1月1日后取得的,且持有至少5年的股份取得的收益;在俄罗斯未构成常设机构的外国企业转让不动产占企业全部资产不超过50%的俄罗斯企业股份取得的收益,或在公开证券市场转让的俄罗斯企业股份取得的收益。

在俄罗斯无常设机构的外国企业所得税(预提税)税率标准:国际运输中租赁船舶、飞机、集装箱及其他运输设备经营、租赁费用按10%征收所得税;其他除股息和俄罗斯联邦及地方政府的特定类型债券利息外的一切收入按20%征收所得税。俄罗斯联邦和地方政府的特定类型债券利息适用15%的税率。

9.2.2.4 应纳税额的计算

根据税法算出应纳税所得额乘以适用的税率算出应纳税额,其公式为:

$$应纳税额 = 应纳税所得额 \times 适用的税率$$

9.2.2.5 纳税申报

企业所得税的纳税期为一个日历年,纳税人(除常设机构外)需每月预缴企业所得税税款，常设机构需每季度预缴，补缴税款的应在下一年度 3 月 28 日之前缴纳。报告年度申报表为次年 3 月 28 日前。需要注意的是，在申报截止期内必须将申报表提交给税务机关，按月申报的纳税人不得晚于当月 28 日，按季度申报的纳税人不得晚于下季度初始月的 28 日；年度纳税申报不迟于次年 3 月 28 日。

9.2.2.6 税收优惠

2013 年 5 月，俄罗斯政府通过对远东和贝加尔地区新投资项目提供税收优惠的法案。根据该法案，参与实施远东和贝加尔地区新投资项目的企业 10 年内免上缴联邦中央的利润税，上缴地方政府的利润税头 5 年内逐步降至零，第二个 5 年内税率不高于 10%。上述优惠主要适用工业和基础设施项目，不适用矿产资源开采和加工、银行和保险项目。同时，要求投资企业头 3 年内投资额不少于 1.5 亿卢布（约合 500 万美元），或头 5 年内投资额不少于 5 亿卢布（约合 1700 万美元）。

2016 年 5 月 23 日，俄罗斯颁布第 144 号联邦法律——《关于对俄联邦税法第一和第二部分进行修改》。根据该法律，在远东的投资者 3 年内投资达到 5000 万卢布，或 5 年内达到 5 亿卢布，将获得利润税优惠（自 2017 年 1 月 1 日起生效），投资额自 2013 年 1 月 1 日起计算。具体优惠如下：10 年内向联邦财政免缴利润税（税率为 2%），头 5 年向地方财政缴纳利润税适用 0%～10% 的低税率，后 5 年税率不高于 10%（正常情况下利润税为 18%），利润税优惠自首次获得利润之日起生效。这些税收优惠政策将施行至 2029 年 1 月 1 日。任何在俄罗斯远东地区投资的企业都可以获得上述税收优惠，但是，生产汽车、摩托车等消费品的企业和油气开采企业除外。

9.2.3 增值税

增值税是以商品（含应税劳务）在流转过程中产生的增值额作为计税依据而征收的一种流转税。

9.2.3.1 纳税人

在俄罗斯境内销售商品、提供服务和进口货物的单位和个人。

9.2.3.2 征税对象

俄罗斯对境内提供的商品、产品和服务以及对进口到俄罗斯境内的货物征收增值税。

9.2.3.3 税率

1992 年俄罗斯开始采用增值税税制，实行 28% 的单一税率，1993 年降低到

20%，2004 年降低到 18%，此后该税率被一直沿用。2018 年 8 月 3 日俄罗斯总统普京签署了第 303 - FZ 号俄联邦税法修正案。该法令规定自 2019 年 1 月 1 日起，俄罗斯将增值税税率从 18% 上调至 20%。优惠税率 10% 和零税率仍然保留不变。

俄罗斯的增值税税率为比例税率，见表 9 - 1。

表 9 - 1　　　　　　　　　　2019 年增值税税率表

项目	适用范围
标准税率 20%	一般的商品和服务
优惠税率 10%	主要适用于日常食品（包括肉类、奶制品、海鲜和蔬菜等）、药品、期刊和儿童产品等
零税率	出口货物实行零税率； 零税率还适用于以下商品和服务：通过海关出口到独联体国家的商品（石油、凝析油和天然气除外）；与不征收增值税的出口商品的生产和销售有直接关系的工作（服务）；与过境运输有直接关系的工作（服务）；以统一的国际转运协议为基础的旅客和行李的转运服务；直接为宇宙空间提供的工作（服务）及其在技术工艺上所依赖并与之有关的地面准备工作（服务）；贵重金属开采者或利用含贵金属的废金属及下脚料的生产者卖给联邦的贵金属和宝石基金、俄罗斯中央银行、其他银行的贵金属；外交代表机构及与之享受同等待遇的代表机构的专用商品以及这些代表机构的外交官或行政技术人员及其家属的自用商品

资料来源：俄罗斯联邦税务局网站，http://www.nalog.ru/。

9.2.3.4　应纳税额的计算

增值税的一般计算方法是先按当期销售额和适用税率计算出销项税额，然后将当期准予抵扣的进项税额进行抵扣，从而间接计算出当期增值额部分的应纳税额。计算公式为：

$$应纳税额 = 当期销项税额 - 当期准予抵扣的进项税额$$

9.2.4　社会保障税

俄罗斯的社会保障税也曾叫统一社会税，是以职工工资总额为计税依据而征收的一种税，专门用于社会保障支出。

目前，俄罗斯的社会保险费率（缴纳金额占工资比）为 30%，其中强制性养老保险缴纳比例为 22%，其中 6% 计入基础部分，直接用于支付当前退休人员的保险金，16% 转入个人账户的保险部分；强制医疗保险缴纳比例为 5.1%；社会保险基金缴纳比例为 2.9%，主要用于在纳税人暂时无劳动能力和生育时提供保障。

对跨越式发展区和自由港均适用的优惠政策有：对于跨越式发展区和自由港的入驻企业，前10年统一社会保险费率均为7.6%（非入驻企业为30%）。

9.2.5 消费税

9.2.5.1 征税对象

酒精类产品，包括各种原料制成的酒精半成品、酒，以及香槟酒、干邑白兰地酒、伏特加酒、利口酒和啤酒；烟草及其产品；珠宝制品；石油、天然气及燃料油品；汽车、摩托车；航空煤油、直馏汽油等产品。

9.2.5.2 计税依据

消费税计税依据，是根据生产消费品的市场价格来确定。

用已征收了消费税的原材料进行加工的企业，根据企业购买原材料已经支付的税款，从应征税款中扣除，然后计算缴纳消费税。

进口应税货物的计税依据是根据海关细则规定由报关价值决定的，并随着海关关税额和通关费而增加。

9.2.5.3 税率

消费税的税率一般有两种形式：一种是比例税率；另一种是定额税率，即单位税额。例如，酒精标准含量在0.5%~8.6%的啤酒，每升18卢布；酒精含量在8.6%以上的啤酒，每升31卢布；销售天然气的税率为30%。

9.2.5.4 应纳税额的计算

应纳税额的计算公式为：

$$应纳税额 = 应税消费品的计税数量 \times 消费税单位税额$$

或：

$$应纳税额 = 应税消费品的计税销售额 \times 消费税比例税率$$

9.2.6 关税

自2018年8月5日起，俄罗斯正式对从美国进口的筑路机械、石油天然气设施、金属加工和凿岩设备、光纤产品等加征25%~40%的关税，作为对美国加征钢铝关税的反制措施。据当地媒体报道，俄罗斯平均每年从美国进口上述商品的价值约为31.6亿美元。

2000年4月1日起，俄罗斯开始实行新的进口关税税率（正式名称为《俄罗斯联邦海关税则》），俄罗斯对不同类型国家按不同税率征收进口关税。凡从享有最惠国待遇的国家进口的商品按基本税率计征关税；凡从不享有最惠国待遇的国家进口的商品按基本税率2倍计征关税。对产自与俄罗斯签有自由贸易协定的独联体国家及最不发达国家的商品免征进口关税，对产自发展中国家的商品按基本税率的75%计征关税。

2010年1月1日，俄罗斯、白俄罗斯、哈萨克斯坦关税同盟实行统一的关税税率，2010年7月6日，关税同盟海关法典正式生效，三国于2011年7月1日最终形成统一的关税。

2012年8月，俄罗斯正式加入世界贸易组织，对进出口关税、关税配额标准做出相应调整。

从加入世贸组织之日起，俄罗斯继续对冷冻肉和冷鲜肉采取配额措施，其中包括牛肉、猪肉和禽肉。还将对牛肉和禽肉单独保留国别配额。对猪肉实施进口配额截止日期至2019年12月31日。对牛肉和禽肉配额实施期限未定。配额取消后，俄罗斯牛肉进口关税不超过27.5%，禽肉进口关税不超过37.5%，猪肉进口关税不超过25%。高品质牛肉不受配额限制，进口关税为15%。

海关关税的承诺包括与欧盟谈判中关于出口关税取得的共识。与欧盟商定的约束性关税清单包括大约700个税目。该清单包含了自2004年5月规定出口关税所涉及的所有出口商品。议定书规定，过渡期之后1~5年内将完全取消上述商品的出口关税，以下商品除外：油籽、矿物质燃料（石油、石油制品、天然气）、未经加工的毛皮及皮革、未加工的木材以及由一些珍贵树种加工的木材、废金属、铁路机车车辆的车轴。此类商品（除燃料能源类）的关税或者维持在限制性初期水平，或者降低，但不能降至零。一些商品关税可能呈现非线性下降。

随着新税制出台和国际油价下跌，2019年1月，俄罗斯的石油出口税降至每吨89美元，与2018年12月比，降幅约为34%。

扩展阅读9-1

俄外交部：扩大与白俄罗斯战略互动的路线将不会动摇

针对白俄罗斯总统卢卡申科所说的"若俄白双方无法就俄石油税改革补偿问题达成一致，则俄罗斯将失去白俄罗斯这一西部唯一盟友"的言论，俄罗斯外交部发言人扎哈罗娃2019年1月11日回应称，俄方扩大与白俄罗斯战略互动的路线将不会动摇。

2018年底，普京批准了俄石油税改法案。该法案规定，俄罗斯现行的石油出口税将在2019~2024年间逐步调整为零，同时提高相同数额的石油开采税，以保证俄石油开采方、出口方的收支平衡。

该税改对常年免出口税进口俄石油的白俄罗斯产生了重要影响。据报道，仅

2018年俄罗斯就向白俄罗斯出口了2400万吨石油，损失出口税总额超30亿美元。而石油税改完成后，俄将不再损失出口税。据白方估算，由于俄石油税改革，白俄罗斯在未来6年内将损失约110亿美元。

为此，卢卡申科于2018年底两次前往莫斯科与俄方就赔偿问题进行谈判，但双方未能达成一致。2019年1月10日，卢卡申科表示，如果双方无法就石油税改革补偿问题达成一致，则俄罗斯将失去白俄罗斯这一西部的唯一盟友。"这是俄罗斯的选择，对白方来说并不是一场灾难。"

针对上述言论，扎哈罗娃当天在莫斯科举行的新闻发布会上表示，白俄罗斯是俄罗斯可靠的盟友和合作伙伴，这在俄方的外交政策中已经予以明确。俄方认为，为进一步提高合作效率，在联盟框架下双方尚需要完成许多工作。为此双方已成立了工作组。

扎哈罗娃强调，对于卢卡申科所说的具体问题，俄白双方相关部门正在进行讨论。

资料来源：王修君. 俄外交部：扩大与白俄罗斯战略互动的路线将不会动摇 [EB/OL]. 中国新闻网，https://www.chinanews.com/gj/2019/01-12/8727048.shtml，2019-01-12.

9.2.7 矿产资源开采税

为规范管理矿产资源开发领域的税费征收，2001年8月8日俄罗斯对《俄联邦税法典》进行了修订，规定从2002年1月1日起征收矿产资源开采税，并取消了之前适用的矿产资源开采使用费、矿物原料基地再生产费和原油、凝析油消费税。在2002年征收的矿产资源开采税中，97.7%来自原油、凝析油和天然气开采业。开征矿产资源开采税后，俄罗斯政府获得了更多的财政收入，矿产资源税已成为俄罗斯财政收入的重要来源。

9.2.7.1 纳税人

矿产资源开采税的纳税人为根据俄罗斯法律确定的使用矿产资源的企业和个体经营者。

9.2.7.2 征税对象

矿产资源开采税的纳税对象为从俄联邦境内地下开采的，供纳税人使用的矿产；从矿产开采中产生的残渣及废料中获得的、根据俄联邦矿产法应该获得许可的矿产；在俄境外俄联邦司法管辖区域内的矿场开采的矿产（在外国租赁的地区或根据国际条约的规定）。

9.2.7.3 税基

矿产资源开采税的税基为开采出的矿产资源实物数量，由纳税人自行根据各类矿产开采量分别确定,该规定截止日期为2006年12月31日。2006年7月27日,俄通过法律对《俄联邦税法典》第338条进行修订,规定从2007年1月1日起,矿产资源开采税的税基为开采出的矿产价值,经过脱水、脱盐、稳定后的原油和伴生气、天然气除外。原油、伴生气和天然气开采税仍保留从量计征方式,数量的具体确定方式按《俄联邦税法典》第339条的规定。

9.2.7.4 税率

根据《俄联邦税法典》规定,经过脱水、脱盐、稳定后的原油,其石油开采税的税率为:基础税率(由政府确定)×国际原油价格系数×各区块的资源开采程度系数。2002~2003年,石油开采税的基础税率为每吨340卢布,2004年为每吨347卢布,自2005年起调整为每吨400卢布,自2007年起为每吨419卢布。

俄罗斯自2015年开始调整石油税制,大幅降低石油出口税,提高矿产资源开采税。经调整,石油、天然气、凝析液等矿产资源开采税从530卢布/吨,上升至775卢布/吨。矿产资源开采税的税率是根据23种矿产分别加以规定的,从3.8%~16.5%不等。

9.2.7.5 税收优惠

2016年5月23日,俄罗斯颁布第144号联邦法律《关于对俄联邦税法第一和第二部分进行修改》。根据该法律,在远东的投资者3年内投资达到5000万卢布,或5年内达到5亿卢布,将获得矿产资源开采税优惠(自2016年7月1日起生效),投资额自2013年1月1日起计算。具体优惠如下:矿产开采税优惠期共10年,头两年投资者完全免缴,后8年优惠幅度将每2年减少20%。这些税收优惠政策将施行至2029年1月1日。

9.2.8 博彩税

9.2.8.1 纳税人

博彩税的纳税人,主要是从事博彩业的组织和业主。法律对赌场经营者征收固定税收,以取代以企业所得税的税率征税。

9.2.8.2 征税对象

博彩税的征税对象是博彩业,按照赌博活动的类型征收税款。

9.2.8.3 税率

博彩税的税率由联邦统一制定,按照征税对象的不同,分为定额税率和比例税率两种,各联邦主体有权在法律规定的浮动税率范围以内确定具体的适用税率。例如,莫斯科市规定每张赌桌每月的税额标准为12.5万卢布,每台赌博机每月的税额标准为8.5万卢布。

9.2.8.4 征收管理

纳税人在规定的纳税期限内申报,申报后的当期20日内缴纳税款。

9.3 俄罗斯的税收征收管理

近年来,俄罗斯联邦税务局推出海关税务一体化、电子标签、线上收银机、打击非法现金交易等一系列组合拳,加强税收征收管理,防止税款流失,效果显著。

9.3.1 税收征管机构及其职责

俄罗斯的税收征收管理由俄罗斯联邦税务局系统负责。俄罗斯联邦税务局在各联邦主体、各个城市和区设立其分支机构,实行三级管理:联邦国家税务总局、联邦主体国家税务局、地方国家税务检查局。整个系统在业务上实行垂直集中领导的管理体制,独立于地区和地方政权机关,不接受地方政府的直接领导。

2002年,俄罗斯在联邦层面设立了9个跨区域大企业税收管理局,分行业对大企业进行税收监管。9个跨区域大企业税收管理局都是平级,各自的主要职责是承担大企业税收风险分析、风险应对、税务检查等风险管理工作,而诸如税务登记、申报等基础事项,则由纳税人属地基层税务机关负责。俄罗斯大企业税收管理局征收的税款,占整个联邦税收总额的80%以上。

9.3.2 税收征收管理制度

9.3.2.1 税务登记

俄罗斯联邦税务局在其官方网站开设的"互联网公司增值税电子税务局"已经投入使用。外国互联网公司可以通过电子税务局,网上申请办理在俄罗斯税务当局的税务登记。同时,通过互联网在俄罗斯提供电子服务的外国公司,可以通过电子税务局在网上进行测试,根据测试结果再自行确定是否需要在俄罗斯税务当局办理税务登记。

9.3.2.2 纳税申报缴纳

纳税申报的主要方式为电子申报,缴纳税款的主要方式为电子支付。俄罗斯的税种分为联邦税、行政区域税和地方税三个级别。法人机构的会计师必须是俄罗斯公民，报税时间依税种和科目不同，分为按月缴纳、按季度缴纳及按年度缴纳等。报税时，企业需携带所在地证明（法人注册证、税务注册证）、银行账户需纳税项目的收据证明等。

9.3.2.3 纳税服务

俄罗斯大力推广电子增值税申报系统，充分采集纳税人电子传输的商业交易信息，减少纸质文件和发票的使用。同时，俄罗斯税务部门与海关部门之间实现了数据实时共享。2016年，在普京总统的亲自协调下，俄罗斯联邦税务局和俄罗斯联邦海关总署共同建成了统一的自动化数据系统。由此，企业不需要再向税务部门提交纸质形式的报关单和运输单，而那些享有增值税退税权利的企业也无须在多个部门间奔波。

9.3.2.4 税务检查和监督

税务机关可以采取现场实地审查等方式，对纳税人纳税信息及相关财务事宜等进行检查，如果审查中发现偷漏税等较大的税务问题，则对纳税人下发补税和罚款通知书。

2015年，俄罗斯联邦税务局大企业税收管理部门引入了增值税分析工具，对俄罗斯所有商业交易及增值链进行监督。2016年，俄罗斯联邦税务局大企业税收管理部门接入了全国在线收银机系统，全面收集零售数据，还引入了无线射频识别技术，全面追踪商品在国内的流通动态。这些举措有力防范了偷逃税行为，显著提升了征管能力。

9.3.2.5 处罚

对于违反纳税义务的行为，《俄联邦税法典》规定了罚款的制裁措施。并且根据违反纳税义务的不同形式规定了不同程度的罚款。例如，第116条第1款规定，未在规定期限内向税务机关申报纳税，将处以1万卢布的罚款；根据该条第2款规定，未向税务机关申报纳税的收入，将处以其所得收入的10%的罚款，但不得低于4万卢布。

思考题

1. 简述俄罗斯税收管理体制。
2. 俄罗斯矿产资源开采税是如何征收的？
3. 俄罗斯是如何加强大企业税收征管的？

第 10 章　南 非 税 制

南非位于非洲大陆最南端，东濒印度洋，西临大西洋，北邻纳米比亚、博茨瓦纳、津巴布韦、莫桑比克和斯威士兰，另有莱索托为南非领土所包围。面积 1219090 平方公里，人口 5652 万（2017 年）。南非矿产资源丰富，是世界五大矿产资源国之一。现已探明储量并开采的矿产有 70 余种。铂族金属、氟石、铬的储量居世界第一位，黄金、钒、锰、锆居第二位。南非矿业历史悠久，具有完备的现代矿业体系和先进的开采冶炼技术，是南非经济的支柱之一。南非是世界上重要的黄金、铂族金属和铬生产国和出口国。钻石产量约占世界的 9%。南非属于中等收入的发展中国家，也是非洲经济最发达的国家之一。2018 年国内生产总值约 3794 亿美元，人均 GDP 约 6575 美元①。南非实行行政、立法、司法三权分立的制度，中央、省级和地方政府相互依存，各行其权。全国共划为 9 个省，设有 278 个地方政府，包括 8 个大都市、44 个地区委员会和 226 个地方委员会。

10.1　南非税收制度概述

1994 年以来南非税收逐步进行改革，原则是扩大税基，降低税率，提高税收效率。2018 年初，南非进行了税制改革，新增一系列加税措施，主要包括：自 2018 年 4 月 1 日起增值税税率将从 14% 提高至 15%，这是 25 年来南非首次提高增值税税率；价值 3000 万兰特以上不动产的不动产税由 20% 提高至 25%；价值 3000 万兰特以上捐赠的赠与税由 20% 提高至 25%；提高烟酒的消费税率；燃油税每升将增加 R0.52。

南非实行中央、省和地方三级课税，税收立法权和征收权主要集中在中央，税款也主要由中央征收。南非是以直接税为主的国家。南非的个人所得税、公司所得税、增值税、遗产税和赠与税、资源税、印花税等主要税种由中央政府征收。土地和财产转让税、利息税、薪资税等税种由省和地方政府征收。2017 年有数据显示，个人所得税是南非财政收入最大的来源，占比 38.1%，增值税占比 24.7%，公司税占比 17.3%。南非税务局（SARS）负责大部分税种的征收和管

---

① 外交部：南非国家概况［ED/OL］．外交部网站，2019 – 08，https：//www.fmprc.gov.cn/web/gjhdq_676201/gj_676203/fz_677316/1206_678284/1206x0_678286/.

理，地方税务局（RSC）负责营业税和薪资税等的征收。

10.2 南非主要税种的征收制度

10.2.1 个人所得税

10.2.1.1 纳税人

南非对其居民的全世界所得征税。对于非居民仅就其来源于南非的所得征税，对于南非居民支付的外国税收南非给予抵免。

在南非，居民与非居民使用相同的税率，对于非居民在一个财政年度内在南非居住少于183天，根据税收协定，可以予以免税。此外，对其在该财政年度内未在南非停留累计183天以上者，其从南非取得的利息免于征税。

10.2.1.2 征税范围

应纳所得税的范围包括提供服务所收到的所有雇用所得，包括红利、津贴、退税、各种实物补贴。对于短期停留的居民没有特别的宽免，有双边税收协定的除外。净资本利得的25%计入应纳税所得额，按照普通的所得税税率征收。

10.2.1.3 税率

南非个人所得税税率实行累进税率，如表10-1所示。65岁以下、年收入70700兰特以下；65~75岁以上、年收入110200兰特以下；75岁以上、年收入123350兰特以下者，可免缴个人所得税。

表10-1　南非个人所得税税率2017年3月1日~2018年2月29日

年应纳税所得额（兰特）	税率（%）
不超过189880兰特的部分	18
189881~296540兰特的部分	26
296541~410460兰特的部分	31
410461~555600兰特的部分	36
555601~708310兰特的部分	39
708311~1500000兰特的部分	41
超过1500001兰特及以上的部分	45

资料来源：南非税务局网站，http://www.sars.gov.cn/。

应税所得为个人年总收入减去其在上述起征点之后的收入总额。纳税人根据应税所得的不同层次分别按其累进税率缴税。所有纳税人可获得退税 12726 兰特；若纳税人年龄为 65 岁及以上，则可多获得 7110 兰特退税；若纳税人年龄为 75 岁及以上，则可多获得 2367 兰特退税。

10.2.1.4 申报缴纳

南非个人所得税的纳税年度截至 2 月底，配偶分别纳税，并需要分别提交纳税申报表。

10.2.2 公司所得税

10.2.2.1 纳税人和征税范围

公司所得税的纳税人分为居民企业和非居民企业。企业在南非设立或者是在南非具有实际管理机构都被视为居民企业。南非实行居民管辖原则，对其居民企业来自全球的所得征收企业所得税，非居民企业仅需就来源于南非的所得或归属于其设在南非常设机构的经营所得缴纳企业所得税。

10.2.2.2 税率

目前，南非公司所得税的基本税率为 28%。此外，南非针对微型、小型企业设置了优惠税率。具体规定如下：

①普通公司（非矿业）包括分支机构所得税基本税率为 28%，并对公司股息、红利等征收 10% 的二级公司所得税，公司所得税综合税率约 33%，与国际水准大体持平。

②年营业额在 100 万兰特以内的微型企业，其公司所得税按累进税率征收，税率为 1%~7%，如表 10-2 所示。

表 10-2　　　　　　　公司所得税税率（适用于微型企业）

级数	年应税收入	税率（%）
1	不超过 15 万兰特的部分	0
2	15 万~30 万兰特的部分	1
3	30 万~50 万兰特的部分	2
4	50 万~75 万兰特的部分	5
5	超过 75 万兰特的部分	7

资料来源：南非税务局网站，http://www.sars.gov.cn/。

③年营业额在 1400 万兰特以内的小企业,其公司所得税按累进税率征收,税率为 7%~28%,如表 10-3 所示。

表 10-3 公司所得税税率(适用于小企业)

级数	年应税收入	税率(%)
1	不超过 7.07 万兰特的部分	0
2	7.07 万~36.5 万兰特的部分	7
3	36.5 万~55 万兰特的部分	21
4	超过 55 万兰特以上的部分	28

资料来源:南非税务局网站,http://www.sars.gov.cn/。

④外国公司在南非所设分支或代表机构按 33% 税率纳税。

⑤矿业公司、保险公司等所得税税率另有规定,金矿公司所得税税率比较特殊,其税率与公司的应税收入和营业额之比挂钩。外国公司在南非的分公司要缴 36.5% 的公司税,但免缴二级公司所得税。基金(特别基金除外)按 40% 税率纳税。

10.2.2.3 境外税收抵免

为了避免重复征税,对南非境外收入和来源于南非的服务性收入在境外已缴纳的税款,可抵免同一笔收入在南非的应缴税款。

10.2.2.4 亏损弥补

当期亏损不得向前追溯弥补,但可以用以后年度所得进行弥补,且只要以后年度持续经营,亏损可以无限期向后结转。

10.2.2.5 资本性支出抵减

与其他行业不同,矿业企业资本性支出可直接作所得税抵减,而不必通过折旧逐年抵减。矿业企业符合条件的资本性支出仅限于从矿业应税收入中抵减,且企业所属各矿山应独立核算和抵减。当期矿业应税收入不足抵减的可以递延到以后年度。可抵减的资本性支出主要包括:勘探支出、竖井与采矿设备,投产前发生的开拓支出、综合管理支出和利息支出、住宿区内的基础设施、医院、学校、矿区至公共运输点的铁路、环境恢复成本等。对于处置符合资本性支出抵减条件的资产的所得,应当先从未抵减资本性支出余额中扣除,超出未抵减资本性支出余额的部分计入应税收入。

目前,南非铬业两个铬矿项目均处于可研阶段,发生的支出主要是资本化支出和管理费用。根据所得税法案,这些支出都将可以在项目开始产生应税收入时进行抵减，当年应税收入不足抵减的，可以递延至以后年度抵减。

10.2.2.6 申报缴纳

在南非企业纳税年度为其财务年度，企业必须在纳税年度结束后60天（最多可延长至12个月内）进行年度所得税申报。申报时需计算其应纳税所得额，并提交一份经审计的财务报告。税务机关将基于企业的年度纳税申报，出具一份官方的纳税评估通知。企业必须在收到该评估通知后的一定期限内，补缴扣除法定支付金额后的剩余税款。

10.2.3 股息税和利息预提税

目前，南非对股息征收预提税，税率为15%。南非还从2015年3月1日起，按15%的税率征收利息预提税。上述国内税率可依据相关的双重征税协定下调。

10.2.4 增值税

增值税属于间接税，是南非间接税收收入的主要来源。征税范围包括在南非境内销售的所有货物和服务。所有商业实体，包括外国实体在南非的分公司所提供的商品和服务，均须缴纳增值税。

自2018年4月1日起，南非增值税税率从此前的14%正式提高至15%。这一调整举措的目的是争取为国库每年增加一定数额的财政收入。

出口货物、某些食品和其他物资享受零税率。零税率的基本食品包括干豆、玉米糊、玉米粉、大米、黑面包、蔬菜、水果和植物油等，其他还包括沙丁鱼罐头、可食用的豆类、鸡蛋、牛奶、干粉饼、乳粉混合物、扁豆、奶粉和棕色小麦粉等，这些食品主要被低收入消费者消费。某些供货享受免税（主要是某些金融服务，住宅和公共交通）。

10.2.5 其他税种

10.2.5.1 遗产税

对于自然人死亡的应税财产征收遗产税。须缴纳遗产税的财产包括动产和不动产、购买保险所得收入、退休金。债务及对慈善、教育和宗教机构的某些遗赠可以免缴遗产税。在确定财产的价值时，允许从财产净值中扣除350万南非兰特，遗产税的税率为20%，对于非居民，仅就其位于南非的财产征收遗产税。

10.2.5.2 赠与税

南非实行总赠与税制，按财产赠与人一定时期内赠与财产的总价额课税。赠与人为纳税人。对于南非居民个人来说，当其每一纳税年度的赠与累计超过2.5万南非兰特时，对其所赠与财产价值按20%的比例税率征税。对于公司来说，其比例税率为20%，对于偶然赠品，累计每年免税5000南非兰特。

10.2.5.3 薪资税

南非没有社会保障税。雇主必须为年报酬不超过88140兰特的雇员支付"劳动者赔偿保险"。如果雇员年薪不超过76752兰特，雇主和雇员双方都必须向国家缴纳"失业保险基金"。

10.2.5.4 房地产转让税

转让不动产需缴纳转让税，按购买价和公平市场价两者间高者征税。对自然人和法人所购财产采取0%~8%的累进税率。

10.2.5.5 印花税

登记股票转让时应缴纳0.25%的印花税。各种其他协定，如出租动产和不动产以及抵押债务等，都应缴纳印花税。

10.2.5.6 股本税

公司成立时，应缴纳170兰特的税金。另外每1000兰特核准发行的股本或不足1000兰特的部分应缴纳5兰特税金。发行股票时，每20兰特发行价格或不足20兰特部分须缴纳5分印花税。

10.2.5.7 捐赠税

居住在南非的居民或南非国内公司每年捐赠额超过10万兰特时，应缴纳捐赠税，税率为捐款的20%；捐赠额超过3000万兰特时，税率为25%。上市公司免征捐赠税。

10.2.5.8 技能发展税

自2000年4月1日起，南非开始征收技能发展税，为发展教育和加强技能培训筹资。年支付工资超过50万兰特的企业，需缴纳其工资总额1%的技能发展税，劳工部将所得税款的80%拨给23个行业教育培训机构，将20%拨给国家技能基金（NSF）。教育培训机构将其中的50%返还给企业用于职工技能培训，10%用作行政管理经费，20%可任意支配，如用于帮助未缴技能培训税的小企业员工提高水平等。

10.2.5.9 燃油税

燃油税包括燃料费和消费税两部分，汽油2.335兰特/升，柴油为2.185兰特/升。

10.2.5.10 电税

对使用非可再生能源所发电量，每千瓦时征收 0.02 兰特电税。

10.2.5.11 碳排放税

对排放二氧化碳超过 120g/km 的轿车，碳排放量超越 175g/km 的货运车辆，在新车购置时征收 75 兰特的碳排放税。

10.2.5.12 钻石出口税

南非于 2008 年 11 月 1 日起征收钻石出口税。对所有生产者、销售者、许可证持有者从南非出口未经打磨的钻石征收钻石出口税，计税依据为钻石总价值，税率为 5%。

10.2.5.13 飞机乘客离境税

飞机乘客离境税自 2000 年 11 月 1 日起征收，对国际航班乘客征税。若离境目的地为南部非洲关税联盟内国家，该税会有不同程度或轻微程度降低。若离境目的地为南部非洲关税联盟外国家，乘客每人支付 190 兰特；若离境目的地为博茨瓦纳、莱索托、纳米比亚和斯威士兰，乘客每人支付 100 兰特。

10.3 南非的税收征收管理

10.3.1 税务登记

公司注册手续完成后，贸工部下属的公司注册处会将新公司的有关具体事宜通知南非税务局。税务局将把新成立的公司或企业自动登记为纳税人，并为其颁发税务登记号。新成立的企业须在开始经营后的一个月内委派一名公务官员（public officer）作为纳税人代表，就税收事宜与税务部门进行协调。被委派的公务官员需在南非居住，且其委派需得到税务专员（commissioner）的批准。

10.3.2 纳税申报

企业可以选择自己申报，也可以通过会计师事务所申报。企业实体可以按需要选择自己的财政年度，但自然人不享受此权利，税务年度为 3 月 1 日至次年 2 月 28 日。根据所得预测，每个财政年度所得税分两次缴纳。第一次在每一财政年度的第6个月后，第二次在年末。第一次缴纳时，应纳税所得的估算额不能低于最低"基数"（basic amount），即税收征缴处最新估算的应纳税收入。对新企业来说，最低基数为零。第二次缴纳时，如果应纳税收入的估算值小于当年实际应纳税收入的90%，且小于最低基数，纳税人将被处以罚款，罚款数额按下列公式计算：[实际纳税额 - （应纳税最低基数 - 实际应纳税额×90%）]×20%。为防止被罚款，第二次缴纳税款时，最好将应纳税收入的估算值同最低基数一致。如需第三次缴纳税款以补足差额，公司等经济实体需在财政年度结束后6个月完成，自然人为7个月。第三次缴纳税款的期限过后，本财政年度未付税款的利息将自然增长。

10.3.3 报税手续和资料

所有企业均需向南非税务局提交年度所得税报表（annual income tax return）。大部分企业可向经营所在地的税收征缴处提报，但大的公司（年经营额超过1亿兰特）需提交到位于杉藤（Sandton）的税收征缴处，杉藤税收征缴处专为纳税大户设立，设施较好。

企业实体在提交纳税报表时，要同时提交由审计师和公务官员签字的企业财务报表。同时还要提交其他一些材料，以证明纳税报表的可靠性。南非税务局力争在收到纳税报表3个月内给企业签发最新估算的应纳税收入。税务当局正在引进先进设备，以实现这一目标。南非税务局下设调查部门，对基层税务部门转报的纳税报表进行评估，并抽查审计。对于存在疑点的税务报表，调查部门将进行详细审计。

扩展阅读 10 - 1

南非税务局：将对加密货币征缴资本利得税

品途商业评论讯，南非税务部门近日发布通告称，纳税人投资加密货币所得将适用于本国的税务规定，未来可能需要缴纳资本利得税。

南非税务局（SARS）提醒纳税人，投资加密货币产生的利得或损失都将被列为可纳税范围之列，纳税人有义务进行财产申报。这类收入或损失来源多样，可以是挖矿或交易，也可以是在交易所购买加密货币，甚至将加密货币作为支付方式使用产生的费用都将包括在内。

SARS解释称，当局认为加密货币不是真正的货币，而是一种无形财产，因此才决定对其征缴所得税。在某些情况下，加密货币类投资和财产可能会被视为资本的一种，纳税人可以向当局申请报销一部分费用或从加密货币应计项目或收入中扣除应税费用。

SARS 称已有公众向当局发出申请，要求就针对加密货币征税一事解释清楚，但当局坚持认为，现有的通用规则完全适用于加密货币，根本没必要多此一举。"本国现有的纳税框架可以为 SARS 及纳税人提供指导，让他们了解对加密货币征税会带来什么影响，所以目前还没有必要把这件事单独拿出来解释一遍"。此外，SARS 还补充道，纳税人有义务就围绕加密货币产生的应税收入进行财产申报，逾期不报可能会产生利息并面临一定的处罚。

对于矿工来说，成功挖到的加密货币在未售出或兑换成现金之前会被视作商品存货。SARS 还表示，尽管当局在编制 2018 年度预算期间曾讨论针对出售加密货币行为征收增值税，未来这一政策不会付诸实施，所以利益相关者可打消心中的疑虑。

资料来源：品途商业评论. 南非税务局：将对加密货币征缴资本利得税 [EB/OL]. 搜狐网，http：//www.sohu.com/a/227780409_363549，2018 - 04 - 10.

思考题

1. 简述南非技能发展税的主要内容。
2. 南非从 2018 年 4 月 1 日起将增值税税率从 14% 提高至 15%，其税改效果如何？

参 考 文 献

[1] 王国华，张京萍. 外国税制 [M]. 北京：中国人民大学出版社，2008.

[2] 马海涛. 中国税制第9版 [M]. 北京：中国人民大学出版社，2017.

[3] Jonathan Gruber. Public Finance and Public Policy 5th [M]. New York：Worth Publisher，2015.

[4] 张文春. 近年来国际税制改革若干趋向 [N/OL]. 中国财经报，2019-06-11（06），http：//www.cfen.com.cn/dzb/dzb/page_6/201906/t20190611_3275055.html.

[5] 吴乐珺. 美国社会各界强烈反对提高中国输美商品加征关税税率"经贸摩擦升级只会给美国带来更多痛苦" [EB/OL]. 人民网，http：//finance.people.com.cn/n1/2019/0510/c1004-31076936.html，2019-05-10.

[6] 陈孟统. 不满数字服务税 特朗普威胁向法国葡萄酒加征关税 [EB/OL]. 中国新闻网，http：//www.chinanews.com/gj/2019/07-27/8908766.shtml，2019-07-27.

[7] 外媒. 日本调高遗产税或导致富人移民潮出现 [EB/OL]. 新华网，http：//www.xinhuanet.com/world/2015-07/27/c_128062693.htm，2015-07-27.

[8] 郭汇雯. 澳洲GST税收收入超预期三倍，已有1500家海外商家和品牌登记 [EB/OL]. 雨果网，https：//www.cifnews.com/article/42573，2019-03-27.

[9] 林浩. 德国取消东西德团结税 高收入阶层仍需全额支付 [EB/OL]. 欧洲时报网，http：//www.oushinet.com/europe/germany/20190822/329066.html，2019-08-22.

[10] 谢欣欣. 马来西亚增值税、数字税接踵而至！新加坡电商税也箭在弦上 [EB/OL]. https：//www.cifnews.com/article/45977，2019-06-26.